Diplom- und Magisterarbeit mit WinWord 7.0

von
Professor Dr. Arnold Krumm

R. Oldenbourg Verlag München Wien 1997

Die Deutsche Bibliothek - CIP-Einheitsaufnahme

Krumm, Arnold:
Diplom- und Magisterarbeit mit WinWord 7.0
/ von Arnold Krumm. - München ; Wien : Oldenbourg, 1997
  ISBN 3-486-23878-7

© 1997 R. Oldenbourg Verlag
Rosenheimer Straße 145, D-81671 München
Telefon: (089) 45051-0, Internet: http://www.oldenbourg.de

Lektorat: Margarete Metzger
Herstellung: Rainer Hartl
Umschlagkonzeption: Kraxenberger Kommunikationshaus, München
Gedruckt auf säure- und chlorfreiem Papier
Gesamtherstellung: R. Oldenbourg Graphische Betriebe GmbH, München

Inhaltsverzeichnis Seite

7

Seite

Prolog

Sie,

die Zielgruppe dieses Buches, sind Student[*] an einer deutschen Universität, Fachhochschule, Akademie oder sonstigen Ausbildungsstelle, bei der Sie eine oder mehrere schriftliche Arbeiten zu erstellen haben. Sie wollen die Arbeit selbst tippen und das Textverarbeitungsprogramm Word für Windows 6.0 von Microsoft auf Ihrem oder einem Hochschul-PC anwenden. Sie haben Lern- und Prüfungsstress und folglich keine Zeit, sich für das Erlernen des Textverarbeitungsprogrammes durch dicke Bücher zu wühlen. Sie wollen schnell und zielgerichtet informiert werden, ohne daß Ihnen auch die 7. Bearbeitungsmöglichkeit beigebracht wird. Sie wollen etwas über die Methodik des wissenschaftlichen Arbeitens erfahren. Sie wollen Hilfestellungen für Themenwahl, Gliederung, Aufbau, Arbeitshilfen, Literaturbeschaffung und vieles mehr erhalten und auch möglichst mit Beispielen im positiven wie negativen Sinne.

Sie lernen WinWord6 mit diesem Buch ohne Kurs, ohne MS-Handbücher und auch ohne Hilfe von Kommilitonen so umfassend, daß Sie problemlos Ihre wissenschaftliche Arbeit erstellen können.

Über PC- und Windows-Grundkenntnisse sollten Sie verfügen. Sie können jedoch WinWord-Anfänger sein. Es werden keine Umstiegshilfen von Word für DOS geboten.

Ich

bin Professor an der Fachhochschule Augsburg im Fachbereich Betriebswirtschaftslehre und unterrichte die Fächer Betriebswirtschaftslehre und Datenverarbeitung mit Schwerpunkt Datenverarbeitung. In Diplomandenseminaren und bei der Betreuung von Diplomarbeiten vermittele ich die Kenntnisse, die zur Erstellung einer wissenschaftlichen Arbeit an einer Hochschule oder Akademie vonnöten sind. Aus dieser Tätigkeit heraus weiß ich, wo die Studenten der Schuh drückt und wo zu füllende Lücken in der Methodik bestehen. Weiterhin unterrichte ich nach der Methode *Learning by doing* Anwendungsprogramme für PC im Rahmen von Wahlpflichtfächern; unter anderen auch Word für Windows. Die Zielrichtung dieses Unterrichtes ist es, die Kenntnisse zu vermitteln, die zur Erstellung einer wissenschaftlichen Arbeit erforderlich sind.

---

[*] Die generische Form „Student" steht in dieser Arbeit selbstverständlich auch für Studentinnen.

Ziel und Vorgehensweise

Das Buch gliedert sich in zwei Teile: Der Teil A enthält alles, was man zum Erstellen einer wissenschaftlichen Arbeit generell wissen muß, aber auch viele Tips zum praktischen Vorgehen, welche die Arbeit sehr erleichtern und beschleunigen. Ich werde so praxisnah wie möglich vorgehen und erhebe für dieses Buch keinen Anspruch auf wissenschaftliches Niveau. Salopp gesagt: Ich schreibe eine Gebrauchsanweisung.

Der Teil B ist eine zielgerichtete Einführung in Word für Windows 6.0 (i.F. WinWord6). Eine Einführung zum Erlernen des Programmes ohne Vorkenntnisse. Ich beschränke mich auf das, was man zum Erstellen einer wissenschaftlichen Arbeit unbedingt wissen muß. Der Stil wird Unterricht sein. Sie erstellen einen einseitigen Text, an dem ich Sie in direkter Ansprache durch die notwendigen Funktionen von WinWord6 führen werde. Der Zeitbedarf für diesen Teil B wird - je nach Arbeitstempo - maximal zehn Stunden betragen.

Wenn Sie dieses Buch durchgearbeitet haben, wissen Sie, wie Sie das Thema Ihrer Arbeit wählen müssen, um eine sehr gute Note zu erhalten. Sie erfahren, wie Sie vorgehen müssen, um ohne Antrag auf Verlängerung fertig zu werden. Notenverschlechterung wegen Verstößen gegen die formellen Vorschriften wird für Sie ein Fremdwort sein. Die Optik Ihrer Arbeit wird druckreif sein.

Nehmen Sie Ihren Computer, und nehmen Sie sich zwei Tage Zeit. Arbeiten Sie dieses Buch in Ruhe und langsam durch. Dann wird dem erfolgreichen Erstellen einer wissenschaftlichen Arbeit nichts mehr im Wege stehen. Sie brauchen sich dann nur noch auf die fachlichen Inhalte zu konzentrieren.

Ich wünsche Ihnen bei der Arbeit mit diesem Buch und bei Ihrem weiteren Studium viel Erfolg und ausschließlich sehr gute Noten.

Teil A Die Diplom- und Magisterarbeit

Der Einfachheit halber wird der Ausdruck „Diplomarbeit" im folgenden weitgehend synonym verwendet für alle Arten wissenschaftlicher Arbeiten. Dies können Hausarbeiten, Referate, Magisterarbeiten, Diplomarbeiten oder Dissertationen sein. Die hier im Teil A beschriebenen Grundlagen betreffen alle diese Arbeiten mehr oder weniger. Um nicht immer die ganze Auflistung schreiben zu müssen, habe ich mich entschlossen, nur von Diplomarbeit zu sprechen, es sei denn, ich klassifiziere später die wissenschaftlichen Arbeiten.

A.1 Einführung

Als Student der Betriebswirtschaftslehre hatte ich natürlich, wie Sie auch, eine Clique. Eine Gruppe von Studenten, die sich gegenseitig geholfen haben, und die natürlich auch Ihre Freizeit zusammen verbracht haben. Bei diesem engeren Bekanntenkreis hat man mehr Einsicht in den Studienverlauf als bei anderen Studenten. Aufgrund der Datenschutzgesetze haben Studenten keinen Einblick in die Leistungen ihrer Kommilitonen.

Wir in der Clique haben uns bemüht, so schnell wie möglich und auch immer parallel zu studieren, um uns so weit wie möglich gegenseitig helfen zu können. Wir hatten das Hauptstudium erreicht und die formellen Voraussetzungen erfüllt, um eine Diplomarbeit schreiben zu dürfen, und gingen nun an diese letzte Hürde vor dem Examen. Wir ließen uns Themen geben oder suchten diese selber. Da wir unterschiedliche Berufsziele hatten, gingen wir mit unseren Wünschen zu unterschiedlichen Lehrstühlen. Wir fingen alle etwa zur gleichen Zeit an zu schreiben, wurden allerdings nicht zur gleichen Zeit fertig. Die Bearbeitungszeit, die uns zur Verfügung stand, betrug 6 Monate mit einer sachlich begründbaren Verlängerungsmöglichkeit von 2 Monaten. Ich war nach 4 ½ Monaten fertig und hatte eine Arbeit geschrieben, die vom verlangten Umfang her an der Untergrenze lag. Meine Arbeit war die kürzeste und ich war am schnellsten fertig. Einige meiner Freunde nutzen die mögliche Zeit voll aus und schrieben Arbeiten, die 20 bis 50 Seiten länger waren als meine. Einer meiner Freunde hatte bereits einen unerlaubten Vorlauf zum Terminbeginn, beantragte dann noch Verlängerung und schrieb eine Arbeit, die uns Kommilitonen vor Neid erblassen ließ. 250 Seiten war das Werk lang und machte den Eindruck eines richtigen Buches. „Dissertationswert", dachten wir uns und bekamen Komplexe. Vor allem ich mit meinem Heftchen.

Die Komplexe lösten sich allerdings in Wohlgefallen auf, als wir die Noten für unsere Diplomarbeiten erhielten. Die Notenqualität war umgekehrt proportional zum Umfang der Arbeiten. Ich hatte als einziger die Note „Sehr gut" ohne Abstriche erhalten, während der Kommilitone mit dem Wälzer nur die Note „Gerade noch befriedigend" erhielt. Er hatte die Note aufgrund des Fleißes erhalten, die er in die Arbeit gesteckt hatte. Die übrigen Kommilitonen hatten die Note „Gut", womit sie zufrieden waren, denn wir konnten mit einem „Gut" ein „Mangelhaft" im Examen ausgleichen.

Was will ich Ihnen mit dieser Geschichte näher bringen? Viele Studenten meinen, daß man sich mit Gigantomanie und Fleiß eine gute Note erkaufen kann. Das ist nicht so. Es sind andere Kriterien, die für eine gute Arbeit stehen.

Meinen Studenten erzähle ich manchmal, daß Marie Curie die Entdeckungen, für die sie den Nobelpreis erhalten hat, auf einer Seite veröffentlicht hat.

Die gute Arbeit beginnt mit der Themenwahl. Damit möchte ich beginnen.

A.2 Thema auswählen

A.2.1 Schwierigkeitsgrad bestimmen

Mit der Wahl des Themas legt man in einem erheblichen Umfang den qualitativen Rahmen einer Arbeit fest. Einfache Themen lassen bei einer Diplom-arbeit den Bewertungsrahmen kaum bis zur Note „Sehr gut" gehen. Es bestehen allerdings große Unterschiede bezüglich der Art der Arbeit, also ob es sich um ein Referat oder um eine Diplomarbeit handelt. Dies sei anhand von zwei Beispielen etwas eingehender erläutert, die aus zwei verschiedenen Wissenschaftsgebieten stammen.

Einfache Themen / Eindimensionale Themen

Diese Themen beinhalten keine Problematisierung. In ihnen wird ein bestimmter Sachverhalt beschrieben.

Beispiel 1: „Relationale Datenbanken".

Bei diesem Thema werden die relationalen Datenbanken innerhalb der Datenbankorganisation beschrieben. Es werden am Anfang die möglichen Datenbankmodelle dargestellt, die Voraussetzungen, die erfüllt sein müssen, beschrieben, die Funktionsweise erklärt und die Vorteile gegenüber anderen Datenbankmodellen, sofern diese vorhanden sind, herausgearbeitet.

Beispiel 2: „Optische Aufheller".

Auch hier wird die Stellung der optischen Aufheller innerhalb der Färbemitteltechnik beschrieben. Ihre Wirkung durch die Remissionsverschiebung des UV-Lichtes in den Blaubereich des sichtbaren Lichtes und die daraus resultierende Wirkung der Weisseerhöhung.

Beide Themen sind sicher sehr interessant, bieten aber kaum Möglichkeiten, vorhandene wissenschaftliche Qualifikationen unter Beweis zu stellen. Es sind Deskriptionen von Sachverhalten, die schnell und unproblematisch erstellt werden können. Wenn im Rahmen eines Seminars ein Student ein Referat in diesem Themenbereich schreiben soll, um mit seinem Vortrag einen

Teil des Unterrichtes abzudecken, ist ein solches Thema durchaus zu vertreten.

Wenn weiterhin ein Student seine Magister- oder Diplomarbeit in sehr kurzer Zeit erstellen will oder muß, kann er auch solch ein Thema wählen. Er muß im letzteren Fall allerdings damit rechnen, daß das mögliche Bewertungsspektrum ziemlich eingeschränkt ist.

Will man das mögliche Notenspektrum zum Besseren hin öffnen, hat man dasThema zumindest zu problematisieren.

Problematisierende Themen

Hier verläßt man die Eindimensionalität und stellt zumindest zwei Problemkreise in Beziehung zueinander. Ich will die beiden oben genannten Themen nun problematisieren und fortführen:

> **Beispiel** 1: „Der Übergang von hierarchischen zu relationalen Datenbanken".

Hier habe ich zwei unterschiedliche Datenbanksysteme zu beschreiben und einen möglichen Übergang, also eine wie auch immer geartete Entwicklung. Man hat sich nicht nur mit den beiden Datenbankmodellen inhaltlich zu beschäftigen, sondern auch mit den Theorien des Wandels. Es handelt sich hier somit um ein dreidimensionales Thema.

> **Beispiel** 2: „Optische Aufheller auf der Stoffoberfläche".

Optische Aufheller werden zur Weißfärbung von natürlichen Fasern wie Wolle, Baumwolle oder Zellstoff verwendet. In der Regel werden die Stoffe in der Masse gefärbt und so auch mit optischen Aufhellern versehen. Bei glatten Oberflächen - wie beim Papier - kann man zur Reduzierung des Einsatzes von optischen Aufhellern versuchen, diese nur auf die Oberfläche aufzubringen. Diese Arbeit hätte sich somit nicht nur mit den optischen Aufhellern an sich zu befassen, sondern auch mit bestehenden Techniken der Aufbringung der optischen Aufheller.

Problematisierende Themen müssen somit mindestens zwei Problemkreise in Beziehung zueinander setzen. Dies kann wie folgt geschehen:

Qualitativ

Quantitativ

Evolutionär

Revolutionär

Die Art des Bezuges zeigt sich in der Themenstellung.

__Qualitative__ Beziehungen zeigen sich durch Wertungen.

> „Die Bedeutung von........in Beziehung zu.............".
> „Die Auswirkung von...........auf............".

__Quantitative__ Beziehungen beinhalten auch Wertungen, aber eher in bezug auf statistische Vergleichszahlen. Benchmarking in seiner Gesamtheit fällt in diesen Bereich.

> „Die XYZ-Entwicklungszeiten im Vergleich zwischen Japan, Europa und USA".
> „Die Entwicklung der XYZ-Produktionskapazitäten bedingt durch...........".

__Evolutionäre__ Beziehungen beschreiben eine Zeitraumveränderung, die in der Regel durch eine Veränderung des Kontextes beeinflußt wurde.

> „Die Entwicklung des Menschen vom Affen beeinflußt durch ....".

__Revolutionäre__ Beziehungen beschreiben einen abrupten Umbruch.

> „Die Ablösung von ....durch........".

Arbeiten, die auf diese Weise eine Problematisierung beinhalten, lassen eine bessere Benotung zu, weil in sie eine intensivere geistige Leistung investiert werden muß und die Fähigkeit zu verknüpftem Denken teilweise erforderlich ist.

Bei Hausarbeiten oder Referaten sollte das Anspruchsniveau des Themenstellers spätestens auf diesem Level enden. Bei Diplomarbeiten kann das Anspruchsniveau noch eine Stufe gesteigert werden, bei Dissertationen muß es noch eine Stufe gesteigert werden.

Kreative Themen

Das höchste Anforderungsniveau an eine wissenschaftliche Arbeit liegt dann vor, wenn der Ersteller der Arbeit eine eigene kreative Leistung, die zu neuen Erkenntnissen auf seinem Gebiet führt, in seiner Arbeit erbringt. Diese Anforderung liegt bei einer Dissertation immer vor. Eine Diplom- oder Magisterarbeit kann durch solche Elemente zur sehr guten Arbeit werden. Diese Anforderung soll wieder auf die beiden Beispiele bezogen werden.

> **Beispiel 1**: „Übergangsstrategien von hierarchischen zu relationalen Datenbanken".

Hier muß eine Realtheorie zu den Übergangsstrategien entwickelt werden. Von der Wissenschaftsmethodik her gibt es hier mehrere Möglichkeiten: Entweder werden Hypothesen entwickelt zu möglichen Übergangsstrategien oder die bestehende Literatur wird analysiert und mit einer neuen Methodik klassifiziert. Eine weitere Möglichkeit ist die empirische Untersuchung von Übergangsstrategien in der Praxis. Man entwickelt ein Untersuchungsdesign und untersucht als Vollerhebung, Stichprobe oder Einzelfalluntersuchung in der Praxis, um dann aus seinen Ergebnissen Gestaltungsempfehlungen für andere zu formulieren.

> **Beispiel 2**: „Eine neue Meßanordnung zur mikroskopischen Untersuchung von optischen Aufhellern auf der Oberfläche".

Im technischen Bereich gibt es eine Menge von Möglichkeiten, eine Arbeit kreativ zu erstellen. Handelt es sich wie bei diesem Thema um die Entwicklung einer neuen Meßmethode, dann wird der Schwerpunkt der Arbeit nicht im Literarischen liegen, sondern in der Laborarbeit. Das Niederschreiben der Ergebnisse wird nur noch eine untergeordnete Rolle spielen.

Die Arten der Erkenntnisgewinnung durch kreative Arbeiten soll noch einmal ohne Anspruch auf Vollständigkeit zusammengefaßt werden. Erkenntnisse können gewonnen werden durch:

Empirische Ermittlung

Neue Produktentwicklung

Neue Untersuchungsmethoden

Neue Ordnung durch Klassifikation

Formulierung von Hypothesen zu Kausalzusammenhängen

Problemlösende Konzepte, wie z.B. Programmierung

oder Kombinationen aus diesen Möglichkeiten.

Sie sollten nun aber nicht dem Irrtum verfallen, daß die Wahl eines schwierigen Themas automatisch eine sehr gute oder gute Note mit sich bringt. Für die Benotung ist immer ein Bündel von Kriterien ausschlaggebend. Eines dieser Kriterien ist der Schwierigkeitsgrad. Die Wahl eines einfachen weil eindimensionalen Themas grenzt die Benotungsmöglichkeiten für den Korrektor allerdings stark ein.

A.2.2 Themen finden, behandeln

Ein Problem, das wohl jeder Studierende hat, ist die Themenauswahl. Oder anders formuliert: „Wie komme ich an ein Thema?" Der einfachste Weg, der vielen Studenten am liebsten ist, ist die Übernahme eines vorformulierten Themas. Manche Lehrstühle, Institute, Fakultäten oder Fachbereiche haben Listen mit Themen, die sie gern bearbeiten lassen möchten. Sollten Sie solche vorausgewählten Themenlisten vorfinden, prüfen Sie die Themen unter Berücksichtigung Ihres Anspruchsniveaus und dem Schwierigkeitsgrad, und treffen Sie dann Ihre Wahl. Sie sollten anschließend allerdings ein ausführliches Gespräch mit dem für Sie zuständigen Betreuer führen, um zu analysieren, wie konkret die Vorstellungen zum Thema und zur Unterstützung sind. Wenn man sich mit einem Thema nicht richtig identifizieren kann, wird die Arbeit zu einer Qual. Wenn dann noch Probleme bei der Literaturbeschaffung auftreten oder sonstige Hindernisse entstehen, wird das Schreiben einer Arbeit zur lästigen Pflichtübung.

Die Wahl eines vorgeschlagenen Themas ist immer dann positiv, wenn eine spezielle Fragestellung aus einem aktuellen Forschungsprojekt eines Institutes erfolgt. Dann hat man beim Lehrstuhl kompetente Ansprechpartner und es bestehen konkrete Vorstellungen über die Arbeit. Studieren Sie an einer Fachhochschule oder Akademie, dann wird an dieser Institution keine wissenschaftliche Forschung betrieben. In diesen Fällen sollten Sie sich selbst ein Thema suchen. Bei Studenten an Fachhochschulen ist zu empfehlen, sich ein Thema mit einem Praxisbezug zu suchen. Viele Studenten an Fachhochschulen haben eine Lehre abgeschlossen, bevor sie mit dem Studium begonnen haben. Gehen Sie in Ihre Firma und fragen Sie dort nach Themen. Viele Großunternehmen haben Themenvorschläge, die sie in Listenform oder sogar als PC-Disketten an die Hochschulen verschicken. Hier liegen immer konkrete Probleme aus der Praxis vor, deren Lösung für die Unternehmen, für die schreibenden Studenten und für die Hochschule einen Nutzen bringen. In der Regel ist die Unterstützung in diesen Fällen auch gewährleistet. Das Lösen eines Problems in der Praxis hat oft auch den Vorteil, daß man Kontakte knüpfen kann, die nicht selten zu einer späteren Anstellung führen.

Bei der Themenwahl hat man auch die Machbarkeit zu berücksichtigen. Eine Arbeit muß in der vorgeschriebenen Zeit lösbar sein. Es hat keinen Sinn, wenn ein Student eines geisteswissenschaftlichen Faches eine empirische Vollerhebung in der ganzen Bundesrepublik durchführen will, und er dafür nur 4 bis 6 Monate Zeit hat. Allein der Rücklauf eines Fragebogens dauert mindestens 6 Wochen. Von den Kosten einer solchen Arbeit einmal ganz abgesehen. Hat ein Professor Interesse an einer solchen Untersuchung, dann hat er die Aufgabe in kleinere Module zu zerlegen und in Teilen zu vergeben.

Die nun folgenden Arten der Themenbehandlung haben zum Großteil einen starken Bezug zu den o.g. Schwierigkeitsgraden. Da in der Problemstellung einer Arbeit aber auch die Vorgehensweise beschrieben werden soll, darf auf diese Klassifikation der Arten der Themenbehandlung nicht verzichtet werden.

Zunächst das Begriffspaar „**Deduktiv**" und „**Induktiv**".

Das klingt sehr wissenschaftlich, es steckt aber nicht sehr viel dahinter. Deduktiv bedeutet, vom Allgemeinen zum Speziellen zu gehen. Dementsprechend bedeutet induktiv, vom Speziellen zum Allgemeinen zu kommen.

In einer wissenschaftlichen Arbeit sollte man sich über seine diesbezügliche Vorgehensstrategie vorher im klaren sein und sie bei der Vorgehensweise benennen. In der Arbeit einmal die Branche zu analysieren, um daraus Gestaltungsempfehlungen abzuleiten, und im nächsten Abschnitt ein Einzelunternehmen und dessen Besonderheiten für den gleichen Zweck zu benutzen, ist wissenschaftsmethodischer Kauderwelsch.

Eine weitere Möglichkeit, die Arten der Themenbehandlung zu gliedern, ist folgende:

Literaturstudien

    darstellende

    klassifikatorische

    wertende

Empirische Studien

    Untersuchungsdesign

    Analyse von Untersuchungen

    eigene Analysen

        Vollerhebung

        Stichprobenuntersuchung

        Einzelfallanalyse

Entwickelnde, kreative Arbeiten

    Material- oder Produktentwicklung

    Untersuchungsmethodenentwicklung

    und vieles mehr.

Diese Struktur soll es Ihnen ermöglichen, die Art der Arbeit bei der Vorgehensweise zu beschreiben. Diese Struktur könnte auch nach anderen Gesichtspunkten erstellt werden. Wichtig ist nur, daß Sie in der Lage sind, Ihre Arbeit in diese oder eine ähnliche Struktur einzuordnen und dies bei der Problemabgrenzung so zu beschreiben, daß der Leser weiß, wie Sie methodisch vorgegangen sind.

Aus pädagogischen Gründen habe ich beim Schwierigkeitsgrad eine verständliche Klassifikation gewählt, die sich auch in der Klassifikation in diesem Kapitel wiederfindet. In der Literatur zu wissenschaftlichen Arbeiten wird häufig mit einer Einteilung gearbeitet, die der Vollständigkeit halber an dieser Stelle aufgeführt wird.

Arten von wissenschaftlichen Arbeiten:

– **Bericht**

– **Besprechung/Beurteilung**

– **Wissenschaftliche Abhandlung**

– **Populärwissenschaftliche Abhandlung**

Der Bericht entspricht weitgehend der einfachen oder eindimensionalen Arbeit. Es ist eine deskriptive (beschreibende) Darstellung von Vorgängen.

Die Beurteilung ist ein Bericht, der mit einer wissenschaftlichen, kritisierenden Beurteilung verbunden ist. Dies ist eine wissenschaftliche Arbeit, wie sie ein Student an einer Hochschule zu erbringen hat. Auf die Besprechung trifft dieser Anspruch sicher nicht zu. Besprechungen oder Rezensionen werden von Wissenschaftlern in der Regel in Zeitschriften vorgenommen. Dabei werden Bücher oder Aufsätze einer kritischen Würdigung unterzogen. Diese Art von wissenschaftlicher Arbeit hat ein Student nicht zu erbringen.

Bei der wissenschaftlichen Abhandlung im Sinne dieser Klassifizierung handelt es sich um Arbeiten, die einen Erkenntnisfortschritt erbringen sollen, also um kreative Arbeiten. Dies sind die wissenschaftlichen Arbeiten im engeren Sinne auf hohem Anspruchsniveau.

Populärwissenschaftliche Darstellungen sind auch wieder journalistische Arbeiten. Komplizierte wissenschaftliche Sachverhalte werden bei der Darstellung so stark vereinfacht, daß auch „Otto Normalverbraucher" versteht, worum es dabei geht. Es wird stark mit Paraphrasierungen gearbeitet, und ein Erkenntnisfortschritt ist bei solchen Darstellungen nicht beabsichtigt. Dies sind natürlich auch keine wissenschaftlichen Arbeiten, wie sie an einer Hochschule zu erbringen sind.

A.3 Aufbau der Arbeit

A.3.1 Gliederung erstellen

Die Gliederung ist das Herz einer wissenschaftlichen Arbeit. Dies gilt für alle Phasen einer solchen Arbeit. Für die Planungsphase, die Entstehungsphase und für die Ex-Post-Phase, in der die Arbeit gelesen wird. Auf die Wichtigkeit der Gliederung in der Planungs- und Entstehungsphase wird am Ende dieses Kapitels noch ausführlich eingegangen, und hilfreiche Arbeitstechniken werden vorgestellt. Warum ist die Gliederung für den Leser so wichtig? Ein interessierter Leser wird sich, angelockt vom Thema einer Arbeit, als erstes die Gliederung anschauen. Die Gliederung muß den Inhalt der Arbeit korrekt wiedergeben. Die Gliederung muß eine Orientierung schnell und problemlos erlauben. Wie gliedert man nun technisch und inhaltlich?

Zunächst die technischen Gliederungsaspekte. Eine Möglichkeit ist die linksbündige Gliederung:

Beispiel für eine linksbündige Gliederung:

A Problemstellung
A.1 Geschichte der Leitenden Angestellten
A.2 Leitende Angestellte in der Unternehmensverfassung
A.3 Relevanz und Vorgehensweise der Untersuchung
B Grundlagen zur Messung des Einflußpotentials der Leitenden
    Angestellten
B.1 Begriffsabgrenzungen
B.1.1 Leitende Angestellte
B.1.2 Definition von Einfluß und Einflußpotential
B.2 Gruppeneinfluß in betriebswirtschaftlichen Unternehmensmodellen
B.2.1 Unternehmensmodelle
B.2.2 Einflußgruppen in der mitbestimmten Unternehmung
B.2.3 Die Einbeziehung der Leitenden Angestellten in das Einflußgefüge
    der mitbestimmten Unternehmen
B.3 Untersuchungsmethoden
B.3.1 Positionsansatz
B.3.2 Reputationsansatz
B.3.3 Entscheidungsgenetischer Ansatz

Schauen Sie sich die o.g. Anforderungen an eine Gliederung noch einmal an, und fragen Sie sich, ob diese Gliederungstechnik die Anforderungen erfüllt. Vermittelt diese Gliederung eine Übersicht über die Arbeit? Läßt sie in einer Konzentrationslücke des Lesers eine Orientierung zu? Wohl kaum.

Warum findet man solche unübersichtlichen Gliederungen trotzdem sehr oft? Weil bei einer linksbündigen Gliederung zwischen Nomenklatur und Seitenzahl mehr Platz ist als bei einer eingerückten Gliederung. Aber das sollte nicht das Kriterium sein. Dieselbe Gliederung eingerückt sieht wie folgt aus:

Wenn man die logischen Blöcke zusätzlich mit Leerzeilen abgrenzt, dann erfüllt die Gliederung alle o.g. Anforderungen. Für das Einfügen der Leerzeilen und der Füllzeichen zwischen Text und Seitenzahl, gibt es keine einheitlichen Vorschriften. Hier sollten Sie sich mit Ihrem Betreuer abstimmen.

Der Aufbau einer Arbeit kann natürlich sehr unterschiedlich sein. Zwei Elemente sollte eine wissenschaftliche Arbeit aber immer beinhalten. Diese sind:

1. Problemabgrenzung oder Problemstellung

2. Fazit, Ausblick, Zusammenfassung oder weiteres Vorgehen

Auf die Problemabgrenzung werde ich im nächsten Kapitel ausführlich eingehen. Jede Arbeit sollte einen Schluß haben, in dem steht, was die Arbeit an konkretem Nutzen gebracht hat oder was für Schlüsse zu ziehen sind. Schließlich schreiben Sie keine Kurzgeschichte, in der Sie das Ende offen lassen und der geneigte Leser sich den Schluß selbst zusammenreimen kann.

Was zwischen diesen beiden Gliederungspunkten aufgeführt wird, ist abhängig von der Art der Arbeit, und dementsprechend hat man auch die Nomenklatur zu wählen. Soll man eine Gliederung ganz mit arabischen Ziffern, römischen Ziffern, Buchstaben oder gemischt versehen?

Bei einer einfachen beschreibenden Arbeit, wie z.B. einer Hausarbeit oder einem Referat, wird es ausreichen, nur arabische Ziffern zu verwenden und dann in sich zu strukturieren. Beispiel:

```
1..............................................................................1
    1.1........................................................................2
    1.2........................................................................3
    1.3........................................................................4
    1.4........................................................................4
2..............................................................................5
    2.1........................................................................6
    2.2........................................................................7
    2.3........................................................................8
    2.4.......................................................................10
3.............................................................................12
    3.1......................................................................12
    3.2  und so weiter
```

Zerfällt eine Arbeit in sich in logische Elemente, so ist eine gemischte Nomenklatur vorteilhaft. Nehmen wir das letzte Beispiel des technischen Themas: „Eine neue Meßanordnung zur mikroskopischen Untersuchung von optischen Aufhellern auf der Oberfläche". Diese Arbeit zerfällt in ihrem Hauptteil in drei logische Teile.

1. Teil: Hier müssen die theoretischen Grundlagen beschrieben werden.
2. Teil: Hier werden die neue Meßanordnung und die Versuchsdurchführung beschrieben.
3. Teil: Hier werden die Meßergebnisse dargestellt und interpretiert.

Fügt man am Anfang noch die Problemabgrenzung ein und am Ende ein Fazit, so hat man 5 Hauptgliederungspunkte. Diese könnte man, um die sachliche Verschiedenheit auszudrücken, z.B. von A - E benennen und dann innerhalb der 5 Blöcke mit arabischen Ziffern weiter untergliedern.

Dieses vor Ihnen liegende Buch zerfällt in zwei logische Blöcke. Der erste Teil ist die Einführung in die Methodik der Erstellung einer Diplomarbeit, der zweite Teil ist eine Einführung in WinWord7. Dementsprechend erfolgt die Gliederung in einen Teil A und einen Teil B.

Natürlich kann man statt der Buchstaben auch römische Ziffern verwenden. Aber nur dann, wenn es die Vorschrift an Ihrer Fakultät oder Ihrem Fachbereich erlaubt.

Was ist bei einer Gliederung weiterhin zu beachten? Die Länge zum Beispiel. Ein Gliederung sollte nicht zu lang sein. Eine Arbeit soll ein harmonisches Ganzes bilden und auch ein flüssiges Lesen erlauben. Wenn ein Kapitel nur wenige Sätze beinhaltet, ist diese Anforderung nicht erfüllt. Eine Diplomarbeit im Umfang von 60-100 Seiten sollte eine Gliederung im Gesamtumfang von maximal drei Seiten haben. Weniger ist hier eher mehr, denn der Inhalt der Arbeit sollte erst im Text ausgeführt werden. Die Gliederung soll nur die Struktur der Arbeit widerspiegeln. Wenn zu exzessiv gegliedert wird, kann man zu einzelnen Gliederungspunkten nicht mehr viel schreiben. Außerdem leidet die Übersichtlichkeit, wenn man als Leser in der Gliederung dauernd blättern muß.

Weiterhin sollte man es vermeiden, einen Gliederungspunkt ohne einen Untergliederungspunkt aufzuführen. Hier gibt es sicher Ausnahmen, wie zum Beispiel die Problemstellung oder das Fazit am Schluß. Ansonsten sollte dies aber nicht die Regel sein. Wenn es keinen Untergliederungspunkt gibt, sollte man den Punkt einem anderen Gliederungspunkt zuordnen.

Wenn es sich vermeiden läßt, sollte man auch keine Überschrift im Text aufführen, ohne dazu einige Zeilen zu schreiben. Bei Hauptgliederungspunkten kann man kurz anreißen, was in diesem Kapitel behandelt wird, um erst danach zu einem weiteren Untergliederungspunkt zu kommen. Dies ist allerdings eher eine Sollvorschrift, die nicht zwingend eingehalten werden muß.

Wenn man in der Gliederung eine eingerückte Gliederung verwendet hat, muß man trotzdem im Text der Arbeit die Überschriften linksbündig anordnen.

A.3.2 Problemabgrenzung entwickeln

Der erste Punkt einer wissenschaftlichen Arbeit sollte dazu dienen, die Arbeit einzuordnen und zu sagen, was sie enthält. Man kann das am besten mit der 3W-Regel merken:

Wo   *ist das Problem?*

Was   *will ich zur Problemlösung beitragen?*

Wie   *will ich methodisch vorgehen?*

Für die Beschreibung des Problems gibt es die Vorgehensweisen *deduktiv* oder *induktiv*. Meistens wird die deduktive Entwicklung die bessere sein. Zu vielen Problemen in der Praxis oder in einer Wissenschaft findet man erst dann Zugang, wenn man sich mit der Historie auseinandergesetzt hat. Diese Problemgeschichte kann sehr unterschiedliche zeitliche Perioden betreffen. Die Auseinandersetzung mit dem Problem von heterogenen Netzen in der Datenverarbeitung zum Beispiel macht einen Rückblick, beginnend mit dem Masseneinsatz der EDV ab ca. 1970, erforderlich. Die Beschäftigung mit sozialen oder wertenden Elementen in der Menschenführung setzt oft einen Rückblick über mehrere Jahrtausende voraus. Mit der Beschreibung der historischen Entwicklung wird man sehr gut in der Lage sein, deduktiv - also vom Allgemeinen zum Speziellen - zu dem Problem hinzuführen, das mit der Arbeit ganz oder teilweise gelöst werden soll. Die Problemlösung muß nicht vollständig angestrebt werden. Auch ein spezieller Beitrag, der ein Teilproblem löst, ist wissenschaftlich anspruchsvoll.

Nach der Entwicklung des Problems muß gesagt werden, welches Ziel man mit der Erstellung der Arbeit verfolgt, und zu guter Letzt auch, wie dabei vorgegangen wird.

Ein Wissenschaftler, der ein Literaturstudium betreibt, wird immer folgendes Vorgehen wählen: Er wird sich Literatur suchen, die vom Thema her zu seinen Anforderungen paßt. Dann wird er in die Gliederung schauen und als zweites die Problemabgrenzung lesen. Nun muß er wissen, ob dieses Buch für ihn brauchbar ist oder nicht. Weiß er es an dieser Stelle nicht, dann kann er davon ausgehen, daß das Werk nicht gut ist, und wird es zurücklegen.

Für Ihre Orientierung sollen zwei Beispiele gezeigt werden: Ein kurzes als Negativbeispiel und ein ausführliches positives Beispiel.

Zu dem Diplomarbeitsthema: „Methoden der Arbeitssynthese im Verwaltungsbereich" schreibt ein Student wie folgt:

Problemstellung

Arbeitsstudien dienen der systematischen Analyse und Synthese von Arbeitssystemen mit dem Ziel, diese menschengerecht, effektiv, ökonomisch und zukunftsgerecht zu entwickeln. Demnach ist die Voraussetzung für die Arbeitsanalyse und sich anschließende Arbeitssynthese ein eingehendes Arbeitsstudium.

Das Arbeitsstudium hat sich jedoch erst zu Ende des 19. Jahrhunderts als eigenständiger Bereich entwickelt. Es ist allerdings nachgewiesen, daß sich der Mensch schon früh mit Arbeitsmethoden und Arbeitszeiten befaßt haben muß, obwohl er in dieser Hinsicht keine allgemeinen Forschungstechniken entwickelte.

Eine Begründung hierfür liegt darin, daß es auch schon in Zeiten vor Christi Geburt geniale Leute gab, die in der Lage waren, Pyramiden, mächtige Kathedralen oder ähnliches zu bauen. Weshalb zur damaligen Zeit - als auch später - die Arbeitsmethoden nicht weiter erforscht wurden, ist unbekannt. Ursächlich könnte jedoch das weit verbreitete Sklaventum gewesen sein. So schreibt Forbes in seinem Buch „Man the Maker". Es bestand keinerlei Zwang, sich die Energiequellen zunutze zu machen. Es schien, als seien die

Sklaven eine ausreichende Energiequelle. Dies ist mit Sicherheit ein Indiz dafür, daß die Menschen in früheren Zeiten durchaus in der Lage gewesen wären, Maschinen oder ähnliche Hilfsmittel zur Produktivitätssteigerung zu entwickeln, dies aber aus Gründen der Masse an Sklaven nicht für erforderlich sahen.

Erst zu Beginn des 19. Jahrhunderts erkannte man, daß „das Anwachsen der Produktivitätssteigerung in erster Linie dadurch erreicht wird, daß man Handarbeit durch Planung ersetzt, Muskelkraft durch Gehirn, Schweiß durch Wissen". Zum anderen spielt aufgrund der Gesetzgebung der einzelnen Länder die Humanisierung der Arbeit eine immer größer werdende Rolle . Die Sklaverei wurde bald verboten, was jedoch z.B. in den USA zum Bürgerkrieg zwischen den Nord- und den Südstaaten führte. Der Faktor Lohn für die Arbeiter bekam eine immer gewichtigere Rolle, was ein detailliertes Arbeitsstudium mehr und mehr zur Notwendigkeit machte.

Die Vorreiter des Arbeitsstudiums kamen in der Hauptsache aus den USA. Namen wie z.B. J.D. Rockefeller, C. Vanderbilt oder H. Ford befaßten sich erstmals eingehend mit den Prinzipien des Arbeitsstudiums. So schreibt Nicholas über die Zeit: „Zwischen 1860 und 1900 stieg der Wert der Industrieproduktion in den USA auf das Siebenfache, die Zahl der Beschäftigten jedoch nur auf das 4-fache. Dies macht den Erfolg des Arbeitsstudiums sehr deutlich."

Die großen Pioniere des Arbeitsstudiums waren jedoch unbestritten F.W. Taylor (1865-1915) und F.B. Gilbreth (1868-1924). Beide waren ausgesprochene Praktiker. Ihre Arbeit unterschied sich dahingehend, daß Taylor seine Studie stets nur „time-studies" nannte, weil er auch mit Untersuchungen über den Zeitaufwand verschiedener Arbeitsmethoden die effektivste Methode herausfinden wollte. Gilbreth hingegen hat statt der Zeit die Beobachtung und Feststellung der vom Arbeiter ausgeführten Bewegungen nach Art, Zahl und Länge in den Vordergrund der von ihm entwickelten Methoden gestellt. Er nannte diese Studien deshalb „motion-studies".

Die Wichtigkeit des Bezugs zur Praxis im Rahmen des Arbeitsstudiums belegt die Tatsache, daß der praktisch tätige Manager, wenn er von Organisation spricht, etwas ganz anderes meint, als was der Theoretiker darunter versteht. Aus diesem Grund sind die Erkenntnisse von Gilbreth und Taylor als hervorragend zu bezeichnen, da beide Praxis und Theorie stets miteinander verbunden haben. Es sollte jedoch stets beachtet werden, daß es keine Methode des Arbeitsstudiums und kein Verfahren der Zeitmessung gibt, die

*für jeden Zweck als am besten geeignet anzusehen ist. Bevor ich jedoch auf
die Methoden der Arbeitssynthese en detail eingehe, möchte ich versuchen,
diese in einen organisatorischen Gesamtzusammenhang zu bringen.*
ENDE DES ZITATS

Ohne mit dem Studenten nun allzu hart ins Gericht gehen zu wollen, hat er
einen deduktiven Ansatz gewählt und diesen auch recht gut aufgebaut. Er hat
zahlreiche Literaturstellen verarbeitet, auf deren Dokumentation hier verzichtet wurde. Von den Pyramiden bis zur Jahrhundertwende. Der Weg in
die Jetztzeit fehlt. Dann bricht er ab und schreibt einen verzweifelten letzten
Satz, in dem er auch noch in die Ich-Form verfällt. Die Kurve zum eigentli-
chen Problem, nämlich Arbeitssynthese im Verwaltungsbereich, hat er nicht
mehr gekriegt. Was er in der Arbeit tun will, schreibt er auch nicht, sondern
nur noch, was er als nächstes tun will. Auch über die Methode seiner Arbeit
erwähnt er nichts. Über zwei DIN A4- Seiten ließ sich die Problemabgrenzung so gut an, und dann kommt nichts.

Nun kommt ein Beispiel, wie man es machen soll. Die Arbeit wurde 1980
geschrieben und befaßte sich mit den Möglichkeiten der Leitenden Angestellten, ihre gruppenständischen Interessen in den Unternehmen geltend zu
machen. Die Arbeit wurde als eigenständige empirische Untersuchung in
einer Dissertation konzipiert und ist deshalb länger, als es in einer Diplomarbeit nötig ist.

Problemstellung

Geschichte der Leitenden Angestellten

*Die Geschichte der Leitenden Angestellten beginnt mit dem Aufkommen der
Großunternehmen und vor allem der Kapitalgesellschaften.*

*Zu Beginn der Industrialisierung gab es keine Aufteilung in Arbeiter und
Angestellte. Diese Unterscheidung bildete sich in der ersten Hälfte des 19.
Jahrhunderts in der Industrie heraus, und eine endgültige Anerkennung der
Angestellten als Gruppe und ihre auch rechtliche Sonderung von den Arbeitern erringen die Angestellten beim Kampf um eine bessere Altersversorgung. Drei Sachverhalte waren es nun, die bereits vor dem Ersten Weltkrieg
einen neuen Typus der Angestellten entstehen ließen. Es entstanden mehr
Unternehmen als juristische Personen, in denen eine Emanzipation von
ausführenden Organen und den Anteilseignern stattfand. Gesellschafter und*

Aktionäre wurden stärker in Aufsichtsfunktionen zurückgedrängt. Mit dem Wachstum der Unternehmen kam es zur Angliederung neuer Produktionsstätten in den Werken, zur Herstellung anderer Produkte (Hauptabteilungen), und zur Gründung von Zweigwerken. Einher mit dieser Entwicklung ging die Delegation von Verantwortung und Entscheidungsbefugnis an die Leiter der Zweigwerke und Hauptabteilungen. Die Leitung von Betrieben oder Abteilungen wurde Angestellten anvertraut. Die wirtschaftliche und soziale Stellung dieses neuen Angestelltentypus war unternehmerähnlich. Sie kamen aus denselben sozialen Schichten wie selbständige Unternehmer, besaßen dieselbe Bildung, und damit sie sich nicht selbständig machten, hatten sie ein Einkommen, das dem der selbständigen Unternehmer vergleichbar war. Da sie Arbeitgeberfunktionen ausübten, standen sie im Rahmen ihrer dienstlichen Obliegenheiten in einem Gegensatz zu den übrigen Arbeitnehmern.

Für die Zeit vor dem Ersten Weltkrieg war die Zahl derer, die dieser neuen betrieblichen Oberschicht angehörten, noch relativ gering. Das Phänomen war noch zu neu, ein Zusammengehörigkeitsgefühl kaum entwickelt, so daß man sicher nicht davon sprechen kann, daß es vor dem Ersten Weltkrieg bereits eine Gruppe der Leitenden Angestellten gegeben hat.

Zum Zusammenschluß bedurfte es eines Anstoßes von außen. Die Leitenden Angestellten, die gerade im Begriff waren, zu sich selbst zu finden, sahen in der Tarifvertragsordnung vom 23.12.1918 eine Bedrohung, und sie beschlossen, ihre Geschicke selbst in die Hand zu nehmen. Einen Tag bevor die Tarifvertragsordnung ergangen war, gründeten sie eine eigene Organisation: die Vereinigung der leitenden Angestellten in Handel und Industrie (Vela). Unmittelbarer Anlaß waren Übergriffe im Angestelltenstreik der Berliner Metallindustrie im November 1918. Damit war eine Organisation der Leitenden Angestellten entstanden, deren Mitglieder sich nach funktionalen Gesichtspunkten zusammenfanden. Bis zu dieser Zeit waren nur Berufsverbände üblich. Kurze Zeit später, im Mai 1919, kam es zur Gründung einer weiteren Organisation, des „Bundes angestellter Chemiker und Ingenieure" (Budaci), der seit 1925 „Bund angestellter Akademiker technisch-naturwissenschaftlicher Berufe" heißt. Die Vela verstand sich als Gewerkschaft der Oberschicht der Arbeitnehmer, während der Budaci sich als berufsständische Organisation der Angestellten, insbesondere akademisch gebildeter Naturwissenschaftler und Techniker, verstand. Uneinig waren die Organisationen über den Umfang der Gruppe der Leitenden Angestellten. Beide gingen aber davon aus, daß es eine oberste Schicht von Arbeitnehmern gibt, deren Interessen im Gegensatz zu denen der übrigen Arbeitnehmern steht. Diese Sonderinteressen wurden von beiden getrennt verfolgt.

Die Bedeutung der beiden Organisationen für den Gruppenbildungsprozeß der Leitenden Angestellten zeigen die erreichten Mitgliederzahlen. 1932 hatte die Vela rund 31.000, der Budaci etwa 10.000 Mitglieder.

Während des Dritten Reiches kam die Auseinandersetzung um die Leitenden Angestellten zur Ruhe. Die Verbände der Leitenden Angestellten wurden, wie die der anderen Arbeitnehmer auch, 1933/34 gleichgeschaltet beziehungsweise aufgelöst. Grund war, daß vom Nationalsozialismus anstelle des Gedankens des sozialen Gegensatzes der Gedanke der Betriebsgemeinschaft gesetzt wurde. Kollektive Selbsthilfe war unvereinbar mit der Idee der Solidarität zwischen Arbeitgebern und Arbeitnehmern.

Die erste Nachkriegszeit brachte den Leitenden Angestellten eine Rückkehr zum alten Rechtszustand aus der Weimarer Zeit. Auch Verbände der Leitenden Angestellten entstanden bereits kurz nach dem zweiten Weltkrieg wieder. Erster war bereits 1947 der „Verband oberer Bergbeamten e.V." (Vob). Weitere Verbände folgten. Die Verbände schlossen sich schrittweise zu Dachorganisationen zusammen. Mit der Aufnahme neuer Verbände wurde der Name der Dachorganisation mehrfach geändert. Seit dem 1. Januar 1951 nennt sie sich „Union der Leitenden Angestellten" (ULA). Die ULA versteht sich als eine Spitzenorganisation der Leitenden Angestellten, deren Mitgliedsverbände ihre Selbständigkeit behalten haben. Sie vertritt die gemeinsamen Interessen in der Öffentlichkeit und vor allem gegenüber dem Gesetzgeber. Wie weit die Gemeinsamkeit geht, darüber entscheiden die Einzelverbände.

Die Probleme ändern sich im Laufe der Jahre zwar in Einzelheiten, aber die Problemkreise, die die Leitenden Angestellten und damit die ULA beschäftigen, bleiben im wesentlichen dieselben. Kleine sprach von zwei Grundsatzforderungen:

– Anerkennung der Sonderstellung der Leitenden Angestellten im Bereich der betrieblichen Ordnung und im gesamten Bereich unseres Arbeits- und Sozialversicherungsrechtes

– wirtschaftliche Sicherstellung der Leitenden Angestellten durch angemessene Honorierung, zureichenden Kündigungsschutz und hinreichende Altersversorgung.

Nach der Krise von 1966/67 wurde die Schutzbedürftigkeit der Leitenden Angestellten sichtbar, und es erfolgte eine stärkere Einbeziehung in die Schutzgesetzgebung, was zu einer stärkeren Angleichung an den Status der übrigen Arbeitnehmer führte. Trotzdem gelang es ihnen, einen Teilerfolg bei der Anerkennung als Gruppe zu erhalten. Die gesetzliche Anerkennung der Sprecherausschüsse blieb ihnen zwar versagt, aber zum ersten Mal wurden sie nicht nur aus einem Gesetz ausgeklammert, sondern sie erhielten aufgrund ihrer sozialen Stellung das Recht, nach dem Mitbestimmungsgesetz von 1976 einen Leitenden Angestellten in den Aufsichtsrat zu entsenden. Damit ist das Mitbestimmungsgesetz für die Leitenden Angestellten das geworden, was für die Angestellten 65 Jahre zuvor das Versicherungsgesetz für Angestellte war.

Der Prozeß, der ursprünglich zur Entstehung der Leitenden Angestellten geführt hatte, nämlich verstärkte Verbreitung von Kapitalgesellschaften und Emanzipation von Anteilseignertum und Unternehmensführung, Diversifizierung und Schaffung von Zweigwerken und die damit verbundene Delegation von Unternehmerfunktionen an die Oberschicht der Angestellten, setzte sich in der Zeit nach dem Zweiten Weltkrieg in verstärktem Maße fort. Die Gruppe der Leitenden Angestellten wuchs sowohl absolut als auch in Relation zur Gesamtzahl der Arbeitnehmer und Angestellten. 1957 schätzte man, daß höchstens 1% der Arbeitnehmer Leitende Angestellte seien. 1965 wurde die Zahl mit 1-2% angegeben. 1974 wurde das Verhältnis Leitende Angestellte / Beschäftigte für den Bereich der Industrie und des Handels von Witte / Bronner mit 2,14 % angegeben und 1975 für den Bereich der Banken und Versicherungen mit 2,5%. 1979 stieg diese Zahl auf 2,6%. Diese Durchschnittszahlen, die das Wachstum der Gruppe beschreiben sollen, unterscheiden sich in den einzelnen Branchen stark.

Neben der nie bestrittenen qualitativen Bedeutung der Leitenden Angestellten für die Unternehmen stieg auch die quantitative Bedeutung dieser Gruppe im Rahmen der Unternehmensverfassung. Das quantitative Wachs-tum der Gruppe führte auch dazu, daß die Leitenden Angestellten von der betrieblichen Oberschicht zum middle management wurden. Es kam zu Nivellierungen in der Form, daß sich auf der einen Seite die ausführenden Arbeitnehmer annäherten, sich auf der anderen Seite das top management, worunter nur die gesetzlichen Vertreter zu verstehen sind, nach oben absetzte. Mit den Leitenden Angestellten wurden in der Regel keine individuellen Vereinbarungen mehr abgeschlossen, sondern Einheitsverträge zugrundegelegt. Diese Entwicklung führte zu dem Bedürfnis nach kollektiver Interessenwahrnehmung im Betrieb.

Leitende Angestellte in der Unternehmensverfassung

Bei der Unternehmensverfassung handelt es sich um die Konstituierung der das Unternehmen tragenden Kräfte und um rechtswirksame Regelungen ihres Zusammenwirkens. Diese Regelungen können von außen vorgegeben sein durch rechtskräftige Gesetze, sie können aber auch unternehmensintern durch Verträge vereinbart sein. Bedingt durch den höheren Grad der Determiniertheit wird sich eine Analyse primär an den gesetzlichen Regelungen orientieren. Historisch betrachtet stand bei den gesetzlichen Regelungen zur Unternehmensverfassung zunächst das Verhältnis Unternehmer Arbeiter im Vordergrund. Die Abspaltung der Angestellten als eigene Gruppe von den Arbeitern hatte auf die Unternehmensverfassung keine Auswirkungen, da davon ausgegangen werden kann, daß die Interessen der Arbeiter und Angestellten gleichgelagert sind. Diese Gruppen werden deshalb auch weiter einheitlich als Arbeitnehmer in der Unternehmensverfassung behandelt. Durch die Abspaltung von Unternehmensbesitz und Unternehmensführung zog eine weitere Interessengruppe in die Regelungen der Unternehmensverfassung ein. Immer mehr Anteilseigner mit kleineren Anteilen auf der einen Seite und Vorstände und Geschäftsführer mit kompletten Unternehmensführungskompetenzen machten die Anteilseigner schutzbedürftig. Ihnen wurden über die Organe Hauptversammlung und Aufsichtsrat Kontroll- und Mitbestimmungsrechte eingeräumt. Die gesetzlichen Regelungen zur Verfassung der Unternehmen gehen somit von einer Dreiteilung der das Unternehmen tragenden Kräfte aus. Auf der einen Seite stehen die Arbeitnehmer und die Anteilseigner, die bei der Verfolgung ihrer spezifischen Interessen versuchen werden, Einfluß auf den Vorstand oder die Geschäftsführung auszuüben als dem einzigen zur Bestimmung der Unternehmenspolitik legitimierten Organ. Eine Akzeptanz der Leitenden Angestellten als Gruppe erfolgt in den gesetzlichen Regelungen zur Unternehmensverfassung noch nicht. Es sind lediglich erst Anzeichen auf diesem Wege zu erkennen. Die Wahl eines Vertreters der Leitenden Angestellten in den Aufsichtsrat der Unternehmen, die dem Mitbestimmungsgesetz von 1976 unterliegen, muß als ein solches erstes Anzeichen gesehen werden, da hier erstmals die Leitenden Angestellten als Gruppe ein Recht erhielten. Ansonsten ist die Behandlung der Leitenden Angestellten in den verfassungsregelnden Gesetzen etwas unklar. Auf der einen Seite werden sie als Teilgruppe der Angestellten den Arbeitnehmern zugerechnet, auf der anderen Seite wird davon ausgegangen, daß die Leitenden Angestellten Unternehmerfunktion ausüben, was einen gewissen Gegensatz zu den Arbeitnehmern bringt. Sie unterliegen wegen ihrer Unternehmerfunktion nicht dem Betriebsverfassungsgesetz. In § 54 Abs. 3 BetrVG werden sie unter Verweis auf ihre Unternehmerfunktion aus dem Geltungsbereich des Gesetzes ausgeschlossen. Trotz ihrer arbeitgeberähnlichen Tätigkeit werden sie aber auch nicht als solche betrachtet. Arbeitgeber sind lediglich Vorstände, Geschäftsführer und deren Stellvertreter. Um diese unklare Situation zu erhellen, fordern die Verbände der Leitenden Angestellten eine gesetzliche Anerkennung der Leitenden Angestellten als eigenständige Gruppe zwischen den Arbeitnehmern und den Arbeitgebern, und die Schaffung von Organen, die es den Leitenden Angestellten erlauben, ihre eigenen Interessen im Unternehmen auch kollektiv zu verfolgen. Regelungen zur Unternehmensverfassung sind jedoch nicht nur gesetzliche Regelungen. Auf dem niedrigeren Niveau der vertraglichen Vereinbarung können auch innerbetriebliche Regelungen erstellt werden, die die Selbstverfassung der Unternehmen determinieren. Nach dem Prinzip der Vertragsfreiheit ist dabei alles erlaubt, was nicht gegen gesetzliche Regelungen verstößt. So kam es, auch ohne den Segen des Gesetzgebers, zur Gründung von Sprecherausschüssen. 1968 wurden die ersten gegründet, 1973 gab es 100 und 1979 ca. 250. Diese Entwicklung zeigt, daß sowohl die überbetrieblichen Repräsentanten der Leitenden Angestellten als auch die Leitenden Angestellten in den Unternehmen davon ausgehen, daß es eine eigene Gruppe der Leitenden Angestellten zwischen den Arbeitnehmern und den Arbeitgebern gibt, die gewillt ist, ihre gemeinsamen Interessen auch im Unternehmen kollektiv zu vertreten. Neben den formalen Trägern, den die Unternehmung tragenden Kräften, stehen die Leitenden Angestellten als zusätzliche faktische Kraft. Von daher stellt sich die Frage, in welchem Umfang, in welcher Form und auf welchem Rechtsniveau die Foren zum Geltendmachen der gruppenspezifischen Interessen existieren und welche weiteren Potentiale zur kollektiven Interessenwahrnehmung bestehen; die Frage also nach der Bestandsaufnahme des Einflußpotentials der Leitenden Angestellten, um von da aus zu einer Realtheorie des Einflußpotentials der Leitenden Angestellten zu gelangen. Die Entwicklung und Erprobung eines Untersuchungsdesigns zur Beantwortung dieser Frage gewinnt dann noch an Bedeutung, wenn man davon ausgeht, daß die Leitenden Angestellten als besondere Teilgruppe neben der Unternehmensführung, den Anteilseignern und den Arbeitnehmern in Zukunft auch in die gesetzlichen Regelungen zur Unternehmensverfassung einbezogen werden.

Vorgehensweise der Untersuchung

Die Verpflichtung der betriebswirtschaftlichen Forschung, sich an der Realität zu orientieren und dabei auch Elemente von Nachbarwissenschaften in ihre Methoden mit einzubeziehen, führt dazu, daß auch betriebswirtschaftliche Forscher Mitbestimmungsforschung betreiben. Dabei werden Mitbestimmungsaspekte und ihre Auswirkungen auf die Organisation und Führung der Unternehmen in sehr vielfältiger Weise deskriptiv und analytisch untersucht. Mit wenigen Ausnahmen wird der Einfluß oder die Einflußmög-

lichkeit der Leitenden Angestellten als Gruppe nicht berücksichtigt, da dieser Gruppe die gesetzliche Anerkennung fehlt. Diese Lücke soll durch die vorliegende Untersuchung geschlossen werden. Die faktische Ausprägung der Einflußmöglichkeiten der Gruppe der Leitenden Angestellten bei der Verfolgung ihrer spezifischen Interessen in den Unternehmen, die dem Mitbestimmungsgesetz von 1976 unterliegen, soll hier analysiert werden.

Dazu wird im Teil B nach der Begriffsabgrenzung der zugrundegelegte theoretische Bezugsrahmen dargestellt. Dieser besteht aus einem vereinfachenden Unternehmensmodell, das eine Analyse von Einflußgruppen in der Unternehmung mit asymmetrischer Einflußverteilung erlaubt, und einem Wirkungsmodell des Einflusses, das zu dem Unternehmensmodell kompatibel ist. Des weiteren werden Erhebungsmethoden diskutiert. In Teil C wird die Durchführung der Untersuchung beschrieben. Im Teil D erfolgt die Operationalisierung und die Darstellung der Untersuchungsergebnisse. Dabei werden die in der Theorie entwickelten Begriffsvariablen, die sich einer direkten Messung entziehen, in empirische Äquivalente (Indikatoren) übersetzt (operationalisiert) und gemessen. Diese Indikatoren müssen variabel sein, somit mindestens zwei Merkmalsausprägungen zulassen. An die Operationalisierung schließt die Darstellung und Interpretation der Ergebnisse an. Die Darstellung erfolgt zunächst deskriptiv. In D.2 werden die Daten dann auf Zusammenhänge untersucht.
ENDE DES ZITATS.

Lassen Sie sich durch die Überschriften auf den Seiten 33-38 nicht irritieren. Wir befinden uns noch im Gliederungspunkt A.3.2 Problemabgrenzung. Ich habe dieses ausführliche Beispiel gewählt, um Ihnen ein positives Beispiel zu zeigen. Natürlich wird dieser Teil in einer Diplomarbeit nicht ganz so lang sein, aber genauso logisch aufgebaut.

A.3.3 Definitionen festlegen

Die zwischenmenschliche Kommunikation erfolgt mittels Sprache. Sprache besteht aus Wörtern, die verbal oder schriftlich zwischen den Menschen, zur Übermittlung einer Information, ausgetauscht werden. Diese Wörter sind symbolische Ausdrücke zur Beschreibung von Gegenständen oder Zuständen. Diese Beschreibung ist aber nicht immer zwingend. Bei Wörtern oder Ausdrücken, für die es unterschiedliche Interpretationsmöglichkeiten gibt, ist man in einer wissenschaftlichen Arbeit verpflichtet, die Interpretation mitzuliefern, zu definieren.

Nach der Problemabgrenzung wird man entweder in einem gesonderten Block oder innerhalb eines nächsten Hauptgliederungspunktes definieren. Das heißt, man wird die in der Themenstellung befindlichen, zu behandelnden Ausdrücke beschreiben. Hier wird in der Regel viel falsch gemacht, und deshalb gehe ich darauf näher ein, um in Ihnen ein Problembewußtsein fürs Definieren zu wecken. Wir machen vieles im Leben implizit und auch richtig, ohne groß darüber nachzudenken, was wir eigentlich getan haben. So kann jeder von uns rechnen, aber nur wenige sind in der Lage, die Funktionsweise des Rechnens nach dem dekadischen System in seinem logischen Aufbau zu erklären. Um die Funktionsweise des Rechnens im binären Zahlensystem erklären zu können, muß man vorher das dekadische System erläutern. Ähnlich ist es beim Definieren. Fragt Sie jemand: „Was ist denn das ?", dann werden Sie definieren, ohne groß darüber nachzudenken, was Sie da gerade machen. In einer wissenschaftlichen Arbeit können wir uns nicht so durchwurschteln und müssen deshalb analysieren, was wir tun. Leicht haben es in diesem Bereich einer wissenschaftlichen Arbeit die Techniker. Die Aufgabe des Definierens hat Ihnen in der Regel irgendein Normungsausschuß abgenommen. Ob das der DIN-, der ASA-Ausschuß oder die Codasyl-Gruppe ist. Irgend jemand hat bereits definiert und Sie brauchen diese Definition nur noch aufzugreifen. Allerdings sollten Sie bei Abweichungen zwischen einzelnen Normungsgruppen auf diese hinweisen und sagen, auf welche Sie sich beziehen. Es können europäische Normen von nationalen abweichen, oder es können konkurrierende Normungsausschüsse sein. Hier ist Vollständigkeit angesagt.

Im geisteswissenschaftlichen Bereich ist das Definieren nicht ganz so einfach. Das soll an einem Beispiel erklärt werden. Nehmen wir einen vermeintlich problemlosen Begriff wie „Tisch". „Lächerlich", werden Sie denken. Aber selbst bei einem so simplen Begriff tauchen Probleme auf, wie Sie gleich sehen werden.

Wir müssen diesem Wort nun einen Vorstellungsinhalt zuordnen.[1]

WORT	VORSTELLUNGSINHALT
Tisch	1. senkrechter Ständer 2. waagerecht aufgelegte Platte 3. nicht zum Sitzen 4.

Man kann hier noch einige Vorstellungsinhalte entwickeln, die mehr oder weniger brauchbar sind. Z.B. „Man ißt daran" oder „Im Büro arbeitet man daran". Wir können mit den Vorstellungsinhalten ein reales Objekt erklären. Die Vorstellungsinhalte senden eine Information von einem Sender zu einem Empfänger. Diese Information ist aber nicht neutral, sondern zielgerichtet. Es ist ein Unterschied, ob ein Produzent von Tischen den Ausdruck „Tisch" beschreibt oder eine EDV-Mitarbeiter. Die Vorstellungsinhalte im Beispiel oben haben eine populären Anspruch. Wenn man einem Mitarbeiter in der Datenverarbeitung sagt: "Legen Sie eine Datensatzstruktur an zum Speichern von Tischen in einer Datenbank", dann werden die oben gewählten Vorstellungsinhalte wenig hilfreich sein. Sie sind nicht operational, also nicht meßbar und vermitteln dem Computer als Informationsempfänger nicht die zielgerichtete Information. In diesem Fall werden wir eher wie folgt verfahren:

WORT	VORSTELLUNGSINHALT
Tisch	1. Höhe 2. Plattenbreite 3. Plattentiefe 4. Gewicht Material usw.

Sie sehen, wir haben hier zwei vollständig verschiedene Vorstellungsinhalte zu ein und demselben Objekt. Beide sind richtig und doch nur in bezug auf eine bestimmte Problemstellung brauchbar und somit zielgerichtet.

---

[1]Vgl. Prim.R. , Tillmann H.: Grundlagen einer kritisch-rationalen Sozialwissenschaft, Heidelberg 1977.

Der Hersteller von Tischen wird wahrscheinlich sagen, daß er mit beiden nichts anfangen kann und wird „Tisch" ganz anders definieren. Hier handelt es sich nun um ein simples Objekt und nicht um einen komplexen Tatbestand.

Wir lernen daraus folgendes:

> Eine **Definition** besteht aus einem zu definierenden Teil (**Definiendum**) und den zugewiesenen Vorstellungsinhalten (**Definiens**) und ist darüber hinaus **zielgerichtet**.

Wenn Sie aus der Literatur Definitionen übernehmen, haben sie zu prüfen, ob die Vorstellungsinhalte in bezug auf Ihre Arbeit brauchbar, vollständig und zielgerichtet sind.

Wenn es in der Literatur verschiedene Definitionen gibt, dann wählen Sie nicht willkürlich eine aus, sondern setzen Sie sich mit den unterschiedlichen Definitionen auseinander. Analysieren Sie sie, klassifizieren Sie sie und dokumentieren sie diese Klassifikation, bevor Sie zu der Definition kommen, die Sie in Ihrer Arbeit verwenden. Sie müssen keine vorgefertigte Definition übernehmen. Niemand zwingt Sie dazu, wenn im Sinne der Problemstellung Ihrer Arbeit - und damit Ihrer Ziele - keine brauchbare Definition am Markt ist. Nur eine eigene schlechte zu wählen, oder sich willkürlich auf eine Definition zu stürzen, ohne den Markt zu analysieren, ist unwissenschaftlich und wird zu Minuspunkten führen.

Denken Sie auch daran, daß Sprache etwas Symbolisches und Lebendiges ist. Wenn Sie in einer mittelalterlichen deutschen Stadt wie Dinkelsbühl (immer eine Reise wert) stehen und versuchen, die Inschriften auf den Häusern zu lesen, werden Sie Probleme bekommen. Es wimmelt von Ausdrücken, die wir heute gar nicht mehr kennen. Wer konnte sich vor drei Jahren etwas unter „Unkaputtbar" vorstellen? Vor 20 Jahren konnte sich kein Betriebswirt vorstellen, einen Nonsensausdruck wie „Unkosten" einmal als Deutsch im Duden wiederzufinden. Gerade bei der Wahl der Vorstellungsinhalte beim Definieren hat man sich dieser Problematik sehr bewußt zu sein.

A.4 Formalitäten beachten

Für die Erstellung von wissenschaftlichen Arbeiten haben sich im Laufe der Zeit gewisse Formalitäten entwickelt, die zwingend einzuhalten sind.

Es gibt hier keine generelle Vorschrift, die in ganz Deutschland, Europa oder weltweit gilt. Es gibt in jeder Fakultät oder jedem Fachbereich gewisse geringe Unterschiede. Es kommt auch darauf an, wann diese Vorschriften das letzte Mal überarbeitet wurden. Solche Überarbeitungen machen Mühe. Deshalb ruhen diese Vorschriften oft über Jahrzehnte ohne Update. Die Ausführungen an dieser Stelle sind deterministisch für die Sachverhalte, die immer gelten, oder sie beinhalten mehrere Möglichkeiten, wo dies in der Wissenschaftspraxis zulässig ist.

> Besorgen Sie sich deshalb unbedingt bevor Sie anfangen, eine Diplomarbeit zu schreiben, an Ihrer Fakulät oder Ihrem Fachbereich die Vorschriften für die formelle Gestaltung einer wissenschaftlichen Arbeit und prüfen Sie, wo es strenge Festlegungen gibt, die Sie unbedingt beachten müssen.

Nehmen Sie diese formellen Vorschriften auch nicht auf die leichte Schulter nach dem Motto: „Bei der Qualität meiner Arbeit kann der Prof. doch über diese Kleinigkeiten wegsehen". Es gibt auch im Professorenkreis Griffelspitzer, die die Ränder mit der Mikrometerschraube nachmessen und es für unverzeihlich halten, wenn die Fußnotennumerierung auf jeder Seite neu beginnen soll und sie durchnumeriert ist. Wenn Sie in der Besprechung über die Note diskutieren, haben Sie keine Argumente gegen eine Notenverschlechterung wegen Nichteinhaltung der formellen Vorschriften. Nicht selten ist dies auch bei der Notenbegründung die letzte Fluchtmöglichkeit. An Universitätsinstituten bekommt häufig erst ein Assistent eine Diplomarbeit, nur um sie auf die Formalitäten zu prüfen.

Die Einhaltung der formellen Vorschriften ist so simpel wie das Erlernen des kleinen Einmaleins. Geben Sie Ihrem Korrektor keine Chance, sich mit nicht qualitativen Argumenten über Ihre Arbeit auszulassen.

A.4.1 Allgemeines

Anzahl der Exemplare

Bei Hausarbeiten müssen das Original oder eine Kopie, bei Diplomarbeiten das Original und eine Kopie oder zwei Kopien abgegeben werden. So schreiben es die meisten Vorschriften vor. Ob es sich um ein Original aus dem Laserdrucker oder eine Kopie handelt, kann man sowieso nicht unterscheiden, da beide Geräte nach dem gleichen technischen Prinzip funktionieren. Wenn Sie mit eingeklebten Bildern operieren, dann sollten Sie auf jeden Fall nur Kopien abgeben. Im Zweifel stimmen Sie sich mit Ihrem Betreuer darüber ab.

Äußere Form

Diplomarbeiten sind zu heften und mit einem festen Einband zu versehen. Hausarbeiten sind lediglich zu heften. Für wissenschaftliche Arbeiten sind weiße Bogen (DIN A4) zu verwenden. Die Blätter sind nur einseitig zu beschriften.

Randbreite, Zeilenlänge und Zeilenabstand des laufenden Textes:

Der Satzspiegel hat folgende Ränder aufzuweisen: links 4 cm, rechts 2 cm und oben und unten jeweils 3 cm. Die Schriftgröße bei Computerschriften beträgt 12 Punkte. Das entspricht einer Gesamtzeilenhöhe von 4,513 mm.

Überschriften sollten hervorgehoben werden, allerdings nicht mit größeren Schriften, sondern durch Fettschreibung, Unterstreichung, Kursivschreibung oder anderer Schriftart.

Der Zeilenabstand ist 1,5- zeilig. Durch Wechsel des Zeilenabstandes wird das gesamte Bild einer Schriftseite übersichtlicher gestaltet. Deshalb werden neue Absätze durch einen größeren Zwischenraum eingeleitet. Das Einrücken der Zeilen zu Beginn eines neuen Absatzes ist nicht mehr üblich, aber meist auch nicht untersagt.

Fußnoten werden vom übrigen Text durch einen waagrechten, ca.5 cm langen Strich getrennt und einzeilig geschrieben.

Erläuterung zum Satzspiegel

Der Ausdruck Satzspiegel kommt aus der Drucktechnik und definiert die Fläche einer Papierseite, die beschrieben wird. Die oben genannten Ränder sind ziemlich einheitlich geregelt, da in einer wissenschaftlichen Arbeit die beschriebene Textfläche auf einem DIN A4-Blatt der Fläche eines DIN A5-Blattes entsprechen soll. Der unter dem DIN A5-Blatt verbleibende Teil soll als durchschnittliche Fußnotenlänge dienen.

DIN A4

DIN A5

Fußnote

Reihenfolge und Numerierung der Seiten gehen aus nachfolgender Aufstellung hervor:

- **leeres Vorblatt** (keine Seitennumerierung)
- **Titelblatt** (keine Seitennumerierung) - Muster sicher in Ihrer Vorgabe
- **Inhaltsverzeichnis** (römische Seitennumerierung)
- **Abbildungsverzeichnis** (römische Seitennumerierung)
- **Tabellenverzeichnis** (römische Seitennumerierung)
- **Abkürzungsverzeichnis** (römische Seitennumerierung)
- **Text** (arabische Seitennumerierung)
- **evtl. Anhang** (römische Seitennumerierung -Fortsetzung-)
- **Literaturverzeichnis** (römische Seitennumerierung)
- **Ehrenwörtliche Erklärung und leeres Schlußblatt** (keine Seitennumerierung) Muster am Ende dieses Kapitels.

Die Seitennumerierung soll oben in der Mitte des Blattes erfolgen. Die arabischen Zahlen können zwischen zwei Strichen stehen, die römischen nicht (z. B. - 37 - bzw. VII).

Umfang

Der Umfang einer Diplomarbeit soll 60 bis 100 Seiten betragen, der von Haus- oder Seminararbeiten 10-20 Seiten. Diese Angabe bezieht sich auf den reinen Textteil der Arbeit, ohne Verzeichnisse, Gliederung und Anhang. Abweichungen nach oben oder unten sind nur mit vorheriger Genehmigung des Betreuers zulässig.

Zusätzliche Erläuterung

Sie sollten den Umfang der Arbeit natürlich mit Ihrem Betreuer abstimmen. Nicht alle Vorgaben beinhalten eine Vorschrift über den Umfang. Sollten die Vorgaben bereits sehr alt sein, sollten Sie bedenken, daß Computer mit Proportionalschriften arbeiten und man auf diese Weise ca. 30% mehr Text auf der gleichen Fläche unterbringt als mit der Schreibmaschine. Denken Sie auch an das, was unter A.1 geschrieben wurde: Länge ist kein Synonym für Qualität.

A.4.2 Inhaltsverzeichnis erstellen

Das Inhaltsverzeichnis spiegelt den logischen Aufbau einer Arbeit wider. Es sollte ausführlich, aber nicht übermäßig detailliert, verständlich und ausgewogen sein und damit dem Leser zeigen, in welcher Weise der Autor das Thema verstanden, bearbeitet und dargestellt hat.

Eine folgerichtige und in sich geschlossene Gedankenführung erfordert eine Gliederung in Haupt-, Neben- und Unterpunkte. Punkte, die dabei auf derselben Stufe stehen, sollten logisch den gleichen Rang einnehmen und von einer übergeordneten Problemstellung ausgehen. Auf jeder Stufe der Glie-derung müssen mindestens zwei gleichberechtigte Punkte stehen, d. h. dem Punkt 1.1 muß mindestens Punkt 1.2, dem Punkt 3.4.2.1 mindestens Punkt 3.4.2.2 folgen.

Generell gilt, daß die Kapitelüberschriften den Inhalt der Abschnitte, denen sie zugeordnet sind, in prägnanter Form beschreiben sollen. Selbstver-ständlich müssen die Überschriften, die im Rahmen der Gliederung gewählt werden, wörtlich (inklusive Numerierung) im Textteil wieder auftauchen.

Für die Gliederung hat sich die folgende Systematik bewährt: Am rechten Rand sind die Seitenzahlen aufzunehmen, die den Anfang des jeweiligen Abschnittes im Text angeben.

Seite

Abbildungsverzeichnis..
Tabellenverzeichnis..
Abkürzungsverzeichnis...
1. ....
2. ....
    2.1 ....
    2.2 ....
    2.3 ....
  usw.
3. ....
Anhang...

A.4.3 Abbildungen und Tabellen einfügen

Abbildungen und Tabellen sollen in knapper und übersichtlicher Form den Text ergänzen. Glaubt der Verfasser, auf die Präsentation umfangreichen Datenmaterials nicht verzichten zu können, so sollte er mit einem Anhang arbeiten, in den auch andere ausführliche Dokumentationen, die der Erläuterung bzw. dem besseren Verständnis der Arbeit dienlich sind, gehören.

Abbildungen und Tabellen sind gesondert fortlaufend zu numerieren und zu betiteln. Sie müssen eine präzise Angabe ihres Inhaltes als Überschrift tragen.

Beispiele: Abb. 3: Ablauf der Marketing-Planung

Tab.12: Bevölkerungsstruktur (Alter, Geschlecht, Nationalität) nach Bundesländern

Bei jeder Abbildung bzw. Tabelle ist die genaue Quelle in einer Fußnote oder im Text anzugeben.

Im Abbildungs- bzw. Tabellenverzeichnis sind alle Abbildungen bzw. Tabellen anzugeben.

Beispiel: Seite

Abb. 1   Black-Box als Grundmodell zur Untersuchung
          des Käuferverhaltens   11
Abb. 2   Das Kaufprozeßmodell von Nicosia   33
Abb. 3   Das Kaufprozeßmodell von Meyer   39

A.4.4 Abkürzungen und Abkürzungsverzeichnis einfügen

Abkürzungen sind im laufenden Text so wenig wie möglich zu verwenden. Gestattet ist der Gebrauch von geläufigen Abkürzungen (vgl. Duden), wie z.B., etc., usw. Nicht erlaubt sind Abkürzungen aus Bequemlichkeit (z.B. M. für Marketing). Im Sachgebiet gebräuchliche Abkürzungen sachlicher Art (z.B. EDV) können verwendet werden. Ebenso ist bei Quellenangaben die Abkürzung von Zeitschriftennamen (z.B. ZfB, MJ, BFuP) üblich. Diese sind jedoch unbedingt im Abkürzungsverzeichnis anzugeben. Gleiches gilt für erlaubte Abkürzungen von Namen von Institutionen, Organisationen oder Unternehmen (z.B. BMFT, ZAW, AEG). Das Abkürzungsverzeichnis wird in alphabetischer Reihenfolge angelegt, es enthält nicht die verwendeten allgemein geläufigen Abkürzungen (siehe oben).

A.4.5 Literaturverzeichnis anfertigen

A.4.5.1 Verzeichnis gliedern
Im Literaturverzeichnis sind nur jene Quellen aufzuführen, auf welche im Text und in den Fußnoten Bezug genommen wurde.

Es empfiehlt sich folgende Gliederung und Reihenfolge:

-   Monographien
-   Beiträge in Sammelwerken
-   Aufsätze in Zeitschriften und Zeitungen
-   Sonstige Quellen und Informationsmaterial

Der Nachweis der Quellenangaben erfolgt innerhalb der jeweiligen Gliederungskategorie in alphabetischer Reihenfolge nach dem Namen des Verfassers oder Herausgebers.

A.4.5.2 Gliederungskategorien beachten

Die folgenden Beispiele für die einzelnen Gliederungskategorien geben Hinweise auf die Reihenfolge und die Norm der Charakterisierung sowie auf die verwendete Interpunktion:

Monographien

- Familien- und Vorname(n) des Verfassers
  (Vorname(n) evtl. abgekürzt)
- Titel des zitierten Werkes, gegebenenfalls zuzüglich Untertitel
- Verlagsort(e) mit Erscheinungsjahr

Darüber hinaus sind - wenn vorhanden - folgende Angaben zu machen:

- Schriftenreihe, Nummer des Bandes, Herausgeber

- Bei mehreren Autoren oder Herausgebern (bei >3) kann von deren vollständiger Aufführung Abstand genommen werden; eine Kürzung ist aber mit dem Zusatz u.a. (und andere) zu versehen

- Nummer der verwendeten Auflage (wenn möglich, sollte die letzte Auflage zugrunde gelegt werden)

Beispiele:

Hansen, Hans Robert: Wirtschaftsinformatik I, 6. Aufl., Stuttgart 1992

Weiss, Robert: Mit dem Computer auf Du, 3. Aufl., Männedorf 1993

Zenk, Andreas: Lokale Netze - Kommunikationsplattform der 90er Jahre, Bonn; München 1991

Beiträge in Sammelwerken

- Familien- und Vorname des Verfassers

- Titel des Beitrages

- Bezeichnung des Sammelwerkes mit Herausgeber

- Angabe des Bandes

- Erscheinungsort und -jahr

- Seiten- bzw. Spaltenangabe (von - bis)

Beispiele:

Meyer, Paul Werner: Wirtschaft - Markt - Marketing - Über die
Grundlagen des Marketing, in: Modernes Marketing - Moderner
Markt, Festschrift zum 65. Geburtstag von K. Ch. Behrens, Hrsg.
J. Bidlingmaier, Sonderband der Studienreihe Betrieb und
Markt, Wiesbaden 1972, S. 17 - 26.

Picot, Arnold: Neue Informations- und Kommunikationstechnik als
Quelle von Risiken und als Mittel zu ihrer Bewältigung, in:
Gesellschaft und Unsicherheit, Festschrift zum 90jährigen
Geschäftsjubiläum der Bayerische Rückversicherung AG, Hrsg.
Bayerische Rück 1987, S. 139 - 155.

Beiträge in Zeitschriften und Zeitungen

- Familien- und Vorname des Verfassers

- Titel des Beitrages

- Titel der Zeitschrift bzw. Zeitung

- Band, Jahrgang, Jahr, Nr., Monat (Nr. und evtl. Monat nur
  erforderlich, soweit Seiten nicht jahrgangsweise numeriert)

- Seite (von - bis)

Beispiele:

Krumm, Arnold: Erfolg aus der Konserve, in:
Versicherungswirtschaft, 42. Jahrgang 1987, S. 488 - 492

Scherer, Werner: Neuzeitliche Architektur, in: IBM-Nachrichten, 43.
Jahrgang 1993, Heft 315, S. 40 - 43

Sonstige Quellen und übriges Informationsmaterial

- Herausgeber

- Titel

- Reihe

- Jahrgang

- Erscheinungsort und -jahr

Beispiele:

Statistisches Bundesamt (Hrsg.)(1988): Umweltschutz, Investition
für Umweltschutz im produzierenden Gewerbe, Fachserie 19,
Reihe 3, Stuttgart 1988

Spiegel-Verlag (Hrsg.): Die reine Lehre, Klaus-Peter Kerbusk,
Hamburg 1994, Nr. 5, 31. Januar 1994

A.4.6 Zitierweise wählen

A.4.6.1 Zitierpflicht und Zitierfähigkeit

Stützt sich der Verfasser einer wissenschaftlichen Arbeit wörtlich oder
sinn-gemäß auf die Gedanken anderer, so hat er zu zitieren. Eine Aus-
nahme davon ist nur dann zulässig, wenn es sich dabei um wissenschaftliches Allgemeingut handelt.

Es gilt als schwerwiegender Verstoß gegen die Wissenschaftlichkeit, fremde Gedanken zu übernehmen, ohne explizit darauf hinzuweisen. Ein Verstoß gegen die Zitierpflicht (Plagiat) führt unweigerlich zu einer Bewertung der Arbeit mit der Note "mangelhaft".

Zitierfähig ist grundsätzlich nur das, was vom Leser überprüft werden kann. Dies ist in der Regel bei veröffentlichten Werken der Fall.

Unveröffentlichte, nicht allgemein zugängliche Quellen (z.B. statistisches Material eines Unternehmens) sind als Anlage zusammen mit der Arbeit einzureichen und dann ebenfalls zitierfähig. Vor der Verwendung derartiger Quellen ist allerdings die Genehmigung des Urhebers einzuholen.

Grundsätzlich ist auf die Originalquelle zurückzugreifen, da bei Verwendung von Sekundärquellen die Gefahr besteht, daß Zitate aus dem Zusammenhang gerissen, falsch wiedergegeben werden usw. Die Verwendung von Sekundärquellen ist nur erlaubt bei schwer oder nicht mehr greifbaren Originalquellen.

A.4.6.2 Arten der Zitierweise
Grundsätzlich ist zwischen den wörtlichen und sinngemäßen Zitaten - die mit Fußnoten belegt werden - zu unterscheiden (Zitat = angeführte Belegstelle).

Wörtliche Zitierweise:
Die Zielsetzung einer wörtlichen Zitierweise sollte in der eindeutigen Hervorhebung einer für die Bearbeitung bedeutsamen Aussage bestehen. Es ist in jedem Fall nur dann wörtlich zu zitieren, wenn es auf den Wortlaut ankommt, z.B. bei Definitionen. Dabei muß das wörtliche Zitat überprüft werden, ob es nicht - aus dem Zusammenhang gerissen - mißverstanden werden kann.

Zitate aus englischen und französischen Quellen brauchen in der Regel nicht übersetzt zu werden. Bei anderen fremdsprachigen Quellen ist eine wörtliche Übersetzung unter Angabe des Übersetzers beizufügen.

Die originalgetreue Wiedergabe verlangt eine deutliche Kennzeichnung eventueller Abweichungen.

Sinngemäße Zitierweise:
Im Rahmen der sinngemäßen Zitierweise werden Meinungen anderer Autoren für die Entwicklung von Gedankengängen verwendet. Darüber hinaus kann mit ihrer Hilfe zur Stützung von eigenen Aussagen auf die Meinungen anerkannter Wissenschaftler verwiesen werden. Die sinngemäße Zitierweise kann das wörtliche Zitat ersetzen, wenn die Wiedergabe des genauen Wortlautes nicht unbedingt erforderlich erscheint.

A.4.6.3 Technik der Zitierweise

- Wörtliche Zitate müssen in Anführungszeichen („......") gesetzt werden.

- Auslassungen bei der wörtlichen Zitierweise sind deutlich durch drei Punkte (...) zu kennzeichnen.

- Hervorhebungen des ursprünglichen Textes müssen übernommen oder als solche kenntlich gemacht werden.

- Nachträgliche Hervorhebungen sind mittels Fußnote durch den Zusatz: Hervorhebungen durch den Verfasser (Hervor. d. Verf.) zu kennzeichnen.

- Sinngemäße Entnahmen aus der Literatur werden nicht in Anführungszeichen gesetzt. Aber auch diese Quellen müssen genau belegt werden. Im Gegensatz zur wörtlichen wird bei der sinngemäßen Zitierweise die Fußnote mit dem Zusatz: Vergleiche (abgekürzt: Vgl.) eingeleitet.

- Auf die Fußnote ist durch eine hochgestellte Ziffer am Ende der zu kennzeichnenden Textstelle (hinter dem letzten Anführungszeichen) bzw. der sinngemäßen Entnahme hinzuweisen.

- Grundsätzlich müssen die Seiten der herangezogenen Stellen angegeben werden. Erstreckt sich der Hinweis auf zwei Seiten der Literaturquelle, so ist die Fußnote hinter der Seitenzahl mit dem Zusatz "f." (folgend), bei mehreren Seiten mit dem Zusatz "ff." (fortfolgend) zu versehen.

- Wesentliche Unterschiede in der Erst- und Folgezitierweise: Beim Erstzitat ist die Form der Quellenhinweise in den Fußnoten mit der des Literaturverzeichnisses identisch.

Beispiel für die Fußnote eines wörtlichen Erstzitates:

    1)   Krumm, Arnold: Erfolg aus der Konserve, in:
            Versicherungswirtschaft, 42. Jahrgang 1987, S. 488

Beispiel für die Fußnote eines sinngemäßen Erstzitates:

    1)   Vgl. Picot, Arnold: Neue Informations- und
            Kommunikationstechnik als Quelle von Risiken und
als Mittel zu ihrer Bewältigung, in: Gesellschaft und
Unsicherheit, Festschrift zum 90jährigen Geschäftsjubiläum der
Bayerische Rückversicherung AG, Hrsg. Bayerische Rück
1987, S. 139

Wird aus einem gleichen Werk mehrmals zitiert, so ist vom zweiten Hinweis ab ein gekürzter Quellenhinweis zu verwenden.

Beispiel für die Fußnote eines wörtlichen Folgezitates:

    1)   Krumm, Arnold: a.a.O., S. 489

Beispiel für die Fußnote eines sinngemäßen Folgezitates:

    1)   Vgl. Krumm, Arnold: a.a.O., S. 490

Werden mehrere Schriften des gleichen Verfassers herangezogen, dann ist der jeweilige Titel in der Fußnote entweder

– ganz zu wiederholen oder

– eindeutig zu kürzen.

Wird auf einer Seite unmittelbar hintereinander mehrmals aus der gleichen Schrift eines Verfassers zitiert, dann können die nachfolgenden Fußnoten auf der Seite folgendermaßen lauten:

Ebenda, S. ...

Beispiel:

1)   Zenk, Andreas: Lokale Netze - Kommunikationsplattform der 90er Jahre, Bonn; München 1991

2)   Ebenda, S. 69 f.

3)   Vgl. ebenda, S. 102 ff.

Werden auf einer Seite der Arbeit mehrere Schriften eines Verfassers oder mehrerer Verfasser hintereinander angeführt, dann kann in den nachfolgenden Fußnoten anstelle des Verfassernamens / der Verfassernamen der Ausdruck "Derselbe"/ "Dieselben" gesetzt werden.

Beispiel:

1)   Hansen, Hans Robert: Wirtschaftsinformatik I, 7. Auflage, Stuttgart 1992, S. 150 ff.

2)   Vgl. derselbe: Wirtschaftsinformatik II., 5. Auflage, Stuttgart 1986, S. 224 ff.

Ebenso wie Literaturzitate sind alle übrigen Zahlen und Sachangaben mit ihrem Quellennachweis zu belegen.

A.4.6.4 Harvard-Zitiersystem
Neben den bisher genannten Zitierweisen besteht die Möglichkeit, das aus den USA stammende Harvard-Zitiersystem anzuwenden.

Das Harvard-System verwendet den Namen des Autors und die Jahreszahl der Veröffentlichung als Schlüssel zu den vollständigen bibliographischen Einzelheiten, die im Literaturverzeichnis aufgelistet sind.

Wird demnach ein Autor im Text zitiert, so wird am Ende des Zitates der Name des Autors und in Klammern die Jahreszahl der Veröffentlichung angegeben.

Beispiel: Smith (1970)

Dies ist der einzige Hinweis, der auf die Quelle verweist. Auf die Angabe einer numerierten Fußnote wird verzichtet. Es handelt sich hier um eine rationelle und bequeme Art des Zitierens, die sich für Werke mit vielen Literaturverweisen anbietet.

Haben sich mehrere Autoren zum Thema geäußert, so werden alle Autoren auf die im folgenden Beispiel ersichtliche Weise genannt.

Beispiel: Cook, 1968; Smith, 1970; Dobbs, 1973
                       bzw. Smith und Dobbs (1978)

Die Reihenfolge der Autoren innerhalb einer Klammer richtet sich nach dem Erscheinungsjahr der Veröffentlichung in aufsteigender Folge.

Hat ein Autor mehrere Veröffentlichungen im gleichen Jahr, so sind diese der Reihe nach mit Kleinbuchstaben zu kennzeichnen und als Quelle zu nennen.

Beispiel: Smith (1980a, 1980b)

Bei Verwendung einer Neuauflage oder einer Übersetzung ist das Jahr der Erstveröffentlichung ebenfalls anzugeben.

Beispiel: Laurant (1977/92)

Im Fall von wörtlichen Zitaten werden, durch ein Komma oder Doppelpunkt getrennt, die Seite(n) hinter der Jahreszahl der Veröffentlichung angegeben.

Beispiel:

                       Smith (1986, 56) *für Seite 56*

                       Brown (1989, 23-4) *für Seite 23 bis 24*

                       Jones (1991, 112-13) *für Seite 112 bis 113*

Das Literaturverzeichnis ist wie folgt zu erstellen:

Monographien

-   Familienname und (Initialien der(s)) Vornamen(s) des Verfassers

-   Jahreszahl der Veröffentlichung in Klammern

-   Titel des zitierten Werkes

-   Erscheinungsort und Verlagsname

Beispiel:

> Jones, S. (1989) The Headhunting Business. London: Macmillan.

> Evans, P.A.L. und Bartolome, F. (1979) Must Success Cost So Much ? New York: Basic Books.

Folgendes Beispiel zeigt die Schreibweise für die Nennung eines von mehreren Werken eines Autors. Zusätzlich handelt es sich dabei um eine Übersetzung.

Beispiel:

> Jaspers, K. (1983a) General Human Resource Management (7th Translation) Hönig, J. and Hamilton, M. Manchester: Manchester University Press.

Beiträge in Zeitschriften und Zeitungen

-   Familienname und (Initialien der(s)) Vornamen(s) des Verfassers

-   Jahreszahl der Veröffentlichung in Klammern

-   Titel des Beitrages

-   Titel der Zeitschrift bzw. Zeitung

-   Jahrgang, Heft, Nr.,

-   Seite (von - bis)

Beispiel: Laurent, A. (1986) "The Cross-Cultural Puzzle of
International Human Resource Management", Human
Resource Management, Vol. 25, Heft 2, 91-102.

The Observer (1988) "The Key to Human Resource
Success". 2 September 1988: 25.

Das Literaturverzeichnis wird nach dem Harvard-System ebenso in alphabetischer Reihenfolge geführt wie bei der herkömmlichen Methode.

A.4.7 Titelblatt und ehrenwörtliche Erklärung

Folgende Musterseite ist als Titelblatt zu führen:

FACHHOCHSCHULE AUGSBURG

Ausbildungsrichtung Wirtschaft

Diplomarbeit gemäß § 31 der Rahmenprüfungsordnung für Fachhochschulen in Bayern (RaPO) vom 07.11.80 mit Ergänzung durch die Prüfungsordnung (PO) der Fachhochschule Augsburg vom 01.10.1981.

Lehrfach:

Dozent:

Thema

Thema erhalten:

Arbeit abgeliefert:

Verfasser:

Folgende Musterseite ist als ehrenwörtliche Erklärung zu führen:

Erklärung

Diplomarbeit gemäß § 31 der Rahmenprüfungsordnung für die Fachhochschulen in Bayern (RaPo) vom 07.11.80 mit Ergänzung durch die Prüfungsordnung (PO) der Fachhochschule Augsburg vom 01.10.1981 .

Ich versichere, daß ich die Diplomarbeit selbständig angefertigt, nicht anderweitig für Prüfungszwecke vorgelegt, alle benutzten Quellen und Hilfsmittel angegeben sowie wörtliche und sinngemäße Zitate gekennzeichnet habe.

Augsburg, den ....

....

A.4.6.5 Hinweise, Ergänzung

> Oben ist das Titelblatt und die ehrenwörtliche Erklärung als Muster der Fachhochschule Augsburg beigefügt. Bei diesen Formularen wird Bezug genommen auf die Prüfungsordnungen des jeweiligen Bundeslandes. Sie sollen nur als Merkposten für Sie dienen. Informieren Sie sich anhand Ihrer Vorgaben darüber, wie diese Seiten auszusehen haben.

Die hier aufgeführten Vorschriften zur formellen Gestaltung einer Diplomarbeit sind teilweise recht offen formuliert. So beinhalten sie zum Beispiel nicht die Vorschrift, daß die Fußnotennumerierung auf jeder Seite neu zu beginnen hat. Achten Sie in Ihrer Vorgabe darauf, ob diese Forderung enthalten ist.

Die Harvard-Zitierweise ist neben der klassischen zusätzlich zugelassen. Der Student hat in Absprache mit seinem Betreuer die Wahl der Zitierweise. Das muß nicht an allen Fachbereichen oder Fakultäten genauso sein. Informieren Sie sich!

Unter den grundsätzlichen Hinweisen zum Literaturverzeichnis ist zum Beispiel aufgeführt, daß nur Quellen anzugeben sind, auf die im Text und in den Fußnoten Bezug genommen wird. Diese Vorschrift ist in dieser Weise üblich. Manchmal ist es gewünscht oder gar verlangt, daß Literatur, die zum Thema paßt, aber nicht verarbeitet wurde, auch im Literaturverzeichnis aufgeführt wird. Dies muß dann allerdings als separater Gliederungspunkt erfolgen und eindeutig bezeichnet sein, wie z.B.:

- Weiterführende, nicht verarbeitete Literatur zum Thema

Die Kurzzitierweise ist meistens in den Formvorschriften nicht explizit erwähnt. Deswegen ist sie aber nicht verboten. In Absprache mit Ihrem Betreuer könnten Sie sie anwenden. Dabei wird im Literaturverzeichnis am Ende der Arbeit jedem Titel ein Kurztitel in Klammern zugewiesen. Beispiel:

Krumm, Arnold: (Erfolg) Erfolg aus der Konserve, in:
Versicherungswirtschaft, 42. Jahrgang 1987, S.488 - 492

In den Fußnoten der Arbeit wird dann immer nur zitiert: Krumm, Arnold: (Erfolg) S. 490 oder Vgl. Krumm, Arnold: (Erfolg) S. 490.

A.5 Wahl der Sprache

A.5.1 Allgemeines

Ich meine an dieser Stelle mit Sprache nicht Sprache im Sinne von Deutsch, Englisch oder so weiter, sondern im Sinne von Sprachqualität im linguistischen Sinne. Allerdings muß ich vorab doch noch etwas zu den Fremdsprachen sagen.

In einer in Deutsch verfaßten Arbeit ist es zulässig, Zitate in Englisch oder Französisch in der Arbeit zu verwenden, ohne diese zu übersetzen. Wörtliche Zitate aus anderen Sprachen müssen übersetzt werden, und es muß aufgeführt werden, wer die Übersetzung vorgenommen hat. Es kann auch eine eigene Übersetzung sein. Verwenden Sie EDV-Übersetzungs-programme, dann prüfen Sie die Übersetzung genau. Wenn Sie den Satz: „Der Geist ist willig, aber das Fleisch ist schwach", ins Russische und wieder zurück übersetzen lassen, kann herauskommen: „Der Wodka war gut, aber das Fleisch hat nichts getaugt". Das wäre sicher nicht im Sinne des Autors.

Eine wissenschaftliche Arbeit sollte immer in der dritten Person geschrieben werden. Die Ich-Form ist unbedingt zu vermeiden. Sie erinnern sich: Bei der Problemstellung habe ich ein Beispiel eines Studenten gebracht, der plötzlich seine Problementwicklung abbrach und einen hilflosen Satz formulierte, in dem er in die Ich-Form umkippte. Dieser Stilbruch dokumentiert meistens eine gewisse Hilflosigkeit des Bearbeiters an dieser Stelle .

Eine nüchterne Distanz zum bearbeiteten Problem ist bei einer wissenschaftlichen Arbeit unerläßlich. Das drückt sich unter anderem in der Form der 3. Person aus. Verstöße in diesem Punkt werden zu Recht von Korrektoren übelgenommen. Die nüchterne Distanz drückt sich auch durch Weglassen anderer persönlicher Bezüge aus. Kein Vorwort mit Dank an die Oma oder an die Freundin für`s Tippen. Überhaupt sollte ein Vorwort nur dann geschrieben werden, wenn es sich nicht vermeiden läßt. Wenn Sie eine praxisorientierte Arbeit geschrieben haben und von einer Firma oder dort von speziellen Personen unterstützt worden sind, dann sollten Sie ihnen danken. Wenn während Ihrer Arbeit Probleme aufgetreten sind, die Sie daran gehindert haben, die Arbeit in der Form zu schreiben, die Sie beabsichtigt hatten, und es ist Ihnen ein Bedürfnis, dies mitzuteilen, dann tun Sie es in einem Vorwort.

A.5.2 Sprachfluß beachten

Der Sprachfluß ist ein sehr wichtiges Kriterium, um dem Korrektor Spaß am Lesen zu bereiten. Es ist zu einem gewissen Teil eine Begabung, schreiben zu können. Wenn man allerdings einige Regeln beachtet, kann man schlechten Sprachfluß vermeiden. Das erreicht man unter anderem auch mit richtiger Kommasetzung. Aus einer anderen Sprache übersetzte Bücher sind häufig holprig, da die Übersetzer sich zu sehr an den Originaltext gehalten haben.

> **Regel 1**: Behalten Sie bei der Aufarbeitung von fremdsprachiger Literatur Ihren eigenen Stil bei und formulieren Sie so frei wie möglich (ohne Inhalte falsch wiederzugeben).

Viele Studenten, vor allem in den Geisteswissenschaften, schreiben ihre Diplomarbeiten mit der Schere. Ihre Arbeiten sehen aus wie die nebenstehende Abbildung. Es werden aus einer Vielzahl von Literaturstellen einzelne Zitate herausgelöst und einfach zusammengeklebt. Jeder Mensch hat einen eigenen Stil. Auch innerhalb einzelner Wissenschaftsgebiete entwickelt sich ein eigener Stil. Sie kennen den Ausdruck „Juristendeutsch", was ich nicht negativ meine. Wenn man diese Stile willkürlich zusammenwürfelt, dann kreiert man für den Leser einen holprigen Text, und es wird zur Qual, so eine Arbeit zu lesen.

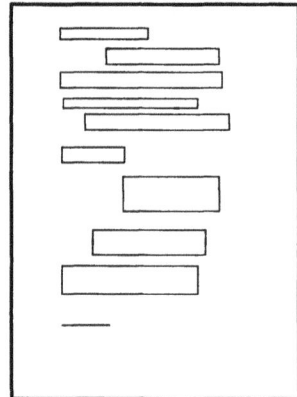

Wie kann man das vermeiden?

> **Regel 2**: Zitieren Sie nur dann direkt, wenn es sich nicht vermeiden läßt, z.B. bei einer übernommenen Definition oder wenn der Stil sich harmonisch in Ihren Stil einfügt. Ansonsten bevorzugen Sie die indirekte Zitierweise, bei der Sie die dort gefundenen Sachverhalte mit Ihren eigenen Worten wiedergeben und somit Ihren Stil durchhalten können.

Ich spiele seit einiger Zeit genauso begeistert wie erfolglos Golf. Zwei Dinge sind es, mit denen ich zu kämpfen habe. Zum einen die Schwungtechnik. Der Ball fliegt zwar immer weit, aber nie, wohin er soll. Der zweite Punkt sind die Golfregeln. Die wichtigsten beherrsche ich natürlich, aber manche verstehe ich gar nicht und kann sie mir deshalb auch nicht merken. Ich gebe Ihnen eine Kostprobe:

„Gibt der Spieler im Anschluß an das Spielen eines Lochs eine falsche Auskunft über die Schlagzahl für das soeben beendigte Loch, oder muß eine falsche Auskunft als gegeben gelten, und berührt dies die Auffassung des Gegners vom Ergebnis des Lochs, so zieht er sich keine Strafe zu, wenn er seinen Fehler berichtigt, bevor irgendein Spieler vom nächsten Abschlag spielt oder, sofern es sich um das letzte Loch das Lochspiels handelt, bevor alle Spieler das Grün verlassen haben."

Dieser Satz ist aufgrund seiner Länge und der schachtelartigen Struktur schwer verständlich. Deshalb sollte folgende Merkregel als Leitfaden gelten:

> **Regel 3**: Bilden Sie kurze, prägnante Sätze und vermeiden Sie Verschachtelungen. Wenn Sie bei einer Verschachtelung einen grammatikalischen Fehler gemacht haben, verlieren Sie viel zu viel Zeit, um dies wieder aufzulösen.

A.5.3 Stil und Stilblüten

Eine problemlose Möglichkeit, sich mit seiner Arbeit zu blamieren, ist die, Fremdwörter falsch anzuwenden. Wenn Sie nicht ganz sicher sind, was Fremdwörter bedeuten, dann benutzen Sie diese nicht. Fremdwortsalat als Wissenschaftsersatz ist unprofessionell.

Die oben bereits geforderte Nüchternheit einer wissenschaftlichen Arbeit gebietet es, auch auf geschwollene Ausdrucksweisen oder vermeidbare Hervorhebungen zu verzichten.

„Das echte Sein", „die höhere Warte" oder „das vielschichtige Problem" hat eher in populärwissenschaftlichen Werken etwas zu suchen als in einer Diplomarbeit. Hervorhebungen wie „enorm", „toll", „unheimlich" oder „tief erschüttert" haben auch in einer Diplomarbeit nichts zu suchen. Diese unnötigen Hervorhebungen benutzen wir alle umgangssprachlich und es gehört eine gute Portion Selbstdisziplin dazu, in einer solchen Arbeit darauf zu verzichten.

Auch Jargon gehört nicht in eine Diplomarbeit. (Umgangssprachliche Formulierungen, die wir oft benutzen und die oft aus einer bestimmten Ecke kommen, sind dabei sehr gefährlich.) Viele Formulierungen aus dem militärischen Bereich könnte man hier nennen, z.B. „mit der Konkurrenz auf Tuchfühlung bleiben". Das ist häßlicher Militärjargon, den man nicht benutzen sollte.

Oder ein Beispiel aus dem Sport: „Der Stürmer tankte sich durch". Viele Einzelausdrücke sind dem Jargon zuzuordnen und sollten natürlich auch nicht benutzt werden. Mir fällt auch hier nur ein Beispiel aus dem Fußball ein: Der „Schußversuch" treibt seit einigen Jahren sein Unwesen in der deutschen Sportberichterstattung. Immer, wenn ein Fußballer das Tor nicht getroffen hat, wird vom Schußversuch gesprochen. Das ist Nonsens. Denn ein Schußversuch liegt dann vor, wenn der Fußballer mit der Absicht, den Ball zu schießen, anläuft, schießt und der Ball bewegt sich keinen Millimeter. Bewegt sich der Ball, dann liegt kein Schußversuch, sondern ein Schuß vor. Es war eben kein guter Schuß, weil das Ziel verfehlt wurde. Aber ein Versuch war es auch nicht. Warum dieses Beispiel? Die *Versucherei* finden wir auch in vielen wissenschaftlichen Arbeiten wieder. Untertitel wie : „Der Versuch einer Klassifikation". oder Formulierungen wie: „...als nächstes soll der Versuch unternommen werden..." haben sich in wissenschaftlichen Veröffentlichungen eingenistet. Wenn ich etwas tue, dann tue ich es. Ob das, was ich getan habe, gut oder schlecht ist, bleibt dem geneigten Leser, Rezensenten oder Korrektor zur Beurteilung überlassen. Ich sitze an meinem Computer und schreibe ein Buch. Ich versuche nicht, ein Buch zu schreiben, sondern ich schreibe eins. Das einzige, was ich versuche, ist, ein gutes Buch zu schreiben.

Gehen Sie an das Schreiben einer Diplomarbeit mit der Absicht, eine Note 1 zu erhalten. Motivieren Sie sich durch eine auch nach außen erkennbare positive Grundhaltung. Nörgeln Sie nicht über Gott und die Welt, sondern versuchen Sie immer, zunächst das Positive zu sehen. Kritik hat umgangssprachlich in Deutschland, beeinflußt durch die Journaille, einen völlig falschen Inhalt bekommen. Kritisieren bedeutet, sich mit einem Sachverhalt analytisch auseinanderzusetzen, die positiven und die negativen Dinge herauszuarbeiten und gegeneinander abzuwägen. Die Journalisten haben den positiven Teil der Kritik gestrichen. Ein Wissenschaftler, der so vorgeht, disqualifiziert sich selbst. Bemühen Sie sich, falls Sie sich mit etwas kritisch auseinanderzusetzen haben, Kritik im richtigen Sinne des deutschen Wortes zu benutzen.

Lassen Sie Ihre Arbeit unbedingt von einer anderen Person Korrektur lesen. Man verwendet manchmal Formulierungen, die sich im nachhinein als
Stilblüten herausstellen. Eine Formulierung in einer Volkswirtschaftsklau-
sur lautete: „Der Markt ist der physische Ort, an dem das Angebot und die
Nachfrage aufeinanderprallen". Das „Prallen" gibt dem Satz eine unbeab-
sichtigte Wende. In einer Datenverarbeitungsklausur fand ich folgenden
Satz: „In vielen Großbetrieben herrschen heterogene Netze". Hier war
nicht die Mafia oder eine sonstige Beziehungsstruktur gemeint. Wäre danach noch das Wörtchen „vor" gefolgt, dann wäre alles klar gewesen. Ein
Schmunzeln entlockte mir folgender Satz: „Statistische Methodenbanken
werden mit einer Programmiersprache der 4. Ebene vergleichbar gefüttert".
Ich mußte mir die arme Methodenbank im Zoo und hinter Gittern vorstellen, wo sie mit der 4. Ebene gefüttert wird. Auch eine falsche Wortwahl
kann verheerende Auswirkungen haben, wie folgender Satz zeigt: „Unter
Downsizing versteht man die Schmälerung des derzeitigen DV-Niveaus".
Statt Schmälerung hätte Reduzierung kommen müssen, und es hätte nicht
DV-Niveaus sondern eher DV-Hardwareplattform heißen sollen.

Damit Ihnen solche Stilblüten nicht passieren, geben Sie Ihre Arbeit am besten im Austausch einem Ihrer Kommilitonen. Wenn jemand fachlich etwas von der Sache versteht, ist es besser, dann kann er Stilblüten wenig-
stens erkennen.

A.6 Arbeitstechniken einsetzen

A.6.1 Nach Phasenkonzept vorgehen

Wenn ein Student sein Auto waschen will, wird er wie folgt vorgehen: Er wird sein Auto zu dem Waschplatz fahren. Er wird sich die Wasch-, und Pflegemittel bereitstellen, den Wasserschlauch anschließen, um mit der Vorwäsche zu beginnen. Nach der Grobreinigung wird er die Feinwäsche vornehmen, den Wagen abtrocknen usw. Alles wird in einer streng einzuhaltenden Reihenfolge hintereinander ablaufen. Kein Mensch käme auf die Idee, wie wild um das Auto herumzurennen, um mal dort ein bißchen zu spritzen, mal dort ein bißchen zu polieren, um dann wieder weiter zu spritzen. Bei einer solchen unwichtigen Tätigkeit planen wir die Arbeit durch bis ins letzte i-Tüpfelchen und halten die logische (einzig sinnvolle) Algorithmik ein.

Bei einer so wichtigen Tätigkeit wie der Erstellung einer Diplomarbeit, die darüber hinaus etliche Monate dauert, verfährt selten ein Student gleichermaßen. Schlechte Arbeiten haben ihre häufigste Ursache in einer fehlenden Planung: Es wird ziellos herumgewurschtelt, mal ein bißchen dort gespritzt oder dort poliert.

Ich will mit diesem Vergleich nicht zu bösartig wirken. Aber eine der häufigsten Vorgehensweisen ist wie folgt: Der Student sucht sich ein Thema und einen Betreuer. Er fängt an, sofern die Freizeitgestaltung das erlaubt, Literatur zu suchen. Dabei sind Datenbankabfragen sehr beliebt geworden. Er liest hier und er liest da. Wenn er fleißig ist, wird er die Literatur, die zu seinem Thema paßt, rezipieren, also die Inhalte, die ihm für seine Arbeit wichtig erscheinen, zusammenfassen und herausschreiben. Kürzere Artikel werden kopiert. Der Stapel mit Unterlagen wird größer und größer. Irgend-wann wird ihm bewußt, das die Zeit davonläuft und er noch keine Seite geschrieben hat. Ran an den Computer, WinWord aktiviert, und das Schreiben kann beginnen. Teil 1 Problemstellung. Es gab doch mindestens 17 Literaturstellen dazu! Wo zum Teufel in dem einen Meter hohen Papierstapel waren die denn? Er fängt an zu suchen, oder anders ausgedrückt, er liest alles noch einmal. Die Zeit verrinnt und die Arbeit entwickelt sich nur zögerlich. Er geht zum Betreuer und weint sich aus. Dieser kann ihm beim Schreiben nicht helfen. Er kann ihm nur inhaltliche Anregungen geben. Plötzlich merkt der Student, daß die gewünschte Richtung gar nicht die ist, auf die er bisher zugearbeitet (besser zugewurschtelt) hat. Panik kommt auf, weil die Zeit ja läuft. Schnell ins Sekretariat und fragen, wie das mit dem Verlängerungsantrag ist. „Nur bei sachlich begründetem Antrag und Zustimmung des zuständigen Betreuers", wird ihm gesagt. Er überlegt, ob er nicht einen befreundeten Arzt kennt, denn Atteste sind immer sehr hilfreich. Da er aber Freundschaften nicht schamlos ausnutzen will, beschließt er, in der vorgeschriebenen Zeit fertig zu werden. Er schustert etwas zusammen, auf dem vorne zwar Diplomarbeit steht, das diesen Namen aber kaum verdient. Die Note wird dementsprechend und der Frust ist groß. Damit Ihnen das nicht auch so geht, befolgen sie die folgenden Ratschläge.

Betrachten Sie die Erstellung einer Diplomarbeit als Projekt und handeln Sie auch danach.

Planen Sie die einzelnen Phasen präzise durch und weisen Sie feste Zeiten zu. Kontrollieren Sie sich selbst und versuchen Sie, einen eventuellen Zeitrückstand wieder aufzuholen. Die Projektphasen sind natürlich abhängig von der Art der Arbeit, die Sie erstellen wollen. Hier wird von einer Literaturarbeit ausgegangen, in der die Meinungen gesammelt und klassifiziert werden sollen, um dann ein optimales Konzept als Empfehlung zu erstellen.

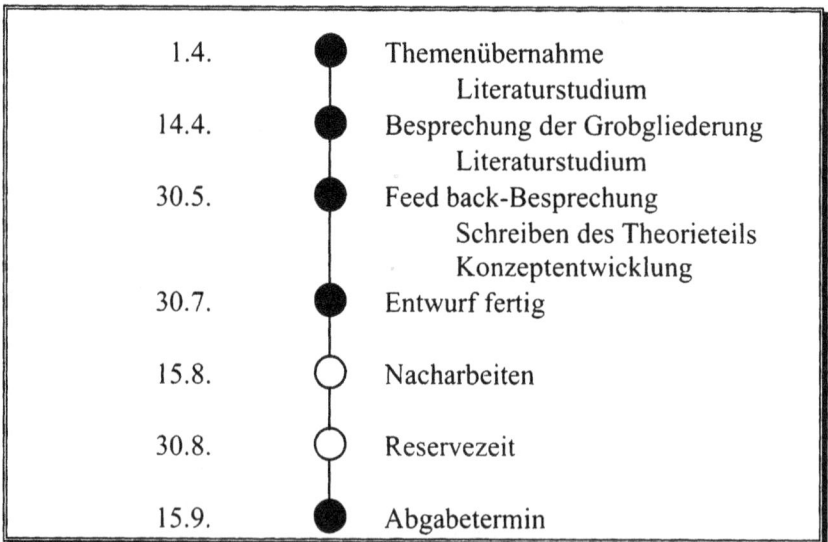

1.4.	●	Themenübernahme
		Literaturstudium
14.4.	●	Besprechung der Grobgliederung
		Literaturstudium
30.5.	●	Feed back-Besprechung
		Schreiben des Theorieteils
		Konzeptentwicklung
30.7.	●	Entwurf fertig
15.8.	○	Nacharbeiten
30.8.	○	Reservezeit
15.9.	●	Abgabetermin

Abb. A.6.1-1: Phasenkonzept für eine Diplomarbeit

Sie müssen den einzelnen Arbeitsabschnitten Zeiten zuweisen. Die dunklen Punkte sind Meilensteine, wie es in der Netzplantechnik heißt. Hier werden Entscheidungen gefällt, oder wichtige Arbeitsabschnitte müssen fertig sein. Nach der Themenübernahme müssen Sie mit einer sehr großen Geschwindigkeit das Literaturstudium betreiben. Nicht 1000seitige Bücher von vorne nach hinten lesen. Gliederungen, Problemabgrenzungen und Fazite lesen. Zentrale, wertende Aufsätze lesen, damit Sie sich einen groben Überblick verschaffen. Eventuell mit kompetenten Leuten Gespräche über Ihre Arbeit führen. Ziel ist es, sich in die Lage zu versetzen, spätestens nach 2 Wochen eine Grobgliederung im Umfang von einer DIN A4-Seite zu erstellen, in der die Hauptgliederungspunkte aufgeführt sind. Mit dieser Seite gehen Sie zu Ihrem Betreuer und besprechen Ihre geplante Arbeit. Finden Sie Zustimmung, dann geht die eigentliche Arbeit erst los.

Sie erstellen sich eine Literaturzuordnungstabelle und ein Literaturstellenverwaltungssystem. Mit einer guten Literaturverwaltung sind Sie in der Lage, detaillierte Literaturstudien zu betreiben und sie beim Schreiben auch wieder zu finden. Die Grobgliederung wird als Art Lückentext zu erstellen sein. Die Detailgliederung ergibt sich beim Lesen. Ihre Arbeit reift in Ihrem Kopf, und bevor Sie sie zu Papier bringen, gehen Sie Ihre konzeptionellen Vorstellungen mit Ihrem Betreuer noch einmal durch. Das Schreiben so einer Arbeit geht, vorausgesetzt, man gibt sich Mühe, langsamer als man meint. Auch beim Entwickeln von eigenen Ansätzen sollte nicht gehudelt werden. Wenn man fertig ist, dann ist man noch lange nicht fertig. Korrektur lesen, korrigieren und wieder lesen. Einen Kommilitonen lesen lassen und eventuell wieder korrigieren. Es schließt sich das Ausdrucken, Kopieren und Binden an. Für diese Nacharbeiten sollte man 2 Wochen einplanen. Zu guter Letzt sollte man auch mindestens 2 Wochen Reserve einplanen. Es kann Probleme geben beim Ausleihen von Büchern über die Fernleihe oder beim Warten auf Gesprächspartner aus der Praxis.

An den Meilensteinen sollte man hart zu sich selbst sein. Eine schwierige Hürde ist die Erstellung der Grobgliederung nach 2 Wochen. Damit haben viele Studenten Probleme. Meistens mangelt es dabei am Mut anzufangen. Wenn ich Studenten in Seminaren zwinge, zu einem nicht angekündigten Thema aus der Datenverarbeitung aus der hohlen Hand eine Gliederung von einer Seite zu schreiben, kommt immer etwas Brauchbares heraus. Warum man diese Grobgliederung braucht, erläutere ich im nächsten Kapitel.

A.6.2 Literaturzuordnungstabelle erstellen

Oben ist ein negatives Beispiel dafür aufgeführt, wie man arbeiten muß, um die gelesene Literatur nicht mehr oder nur mit großer Mühe wiederzufinden. Wenn man beim detaillierten Lesen die Literaturstellen seiner Arbeit schon zuordnen kann, läßt sich das vermeiden. Man schafft sich ein Arbeitsblatt wie das folgende:

```
A.sf sf sfs f sf                           K S17, Mc S34-37,
       A.1. dssd sd sds s d          Sch S98ff, H S34
       A.2. sdsds dsd sds d                 Hin S35f, Lo S119
       A.3. sfsfsd sdf sf sf sdf

B.sf asf asfa sf asfasf                    M S34
       B.1.sssss sfs sf s fs f             Nu S445ff
            B.1.1.aasfasfas assad sdf      H S45, F S45, SCH S34
            B.1.2.sdf sf sf sf f f         Mül S476f
       B.2.af asd asf as fas df            Interview Meier
            B.2.1.aasasdf asdf sadf dfs
            B.2.2.asasf asf asf as sad f
C.sdf sdf sdf as sf asfd sf df f

Und so weiter
```

Abb. 6.2.1-1: Literaturzuordnungstabelle

Sie schreiben auf die linke Seite ihre Grobgliederung und lassen viele Lükken im Text, um spätere Einfügungen vornehmen zu können. Wenn Sie eine Literaturstelle finden, legen Sie eine „Karteikarte" an zur Verwaltung Ihrer Literaturstellen, vergeben einen Autorencode und schreiben diesen mit der Seitenangabe neben den Gliederungspunkt. Wenn Sie in der frühen Phase Ihrer Arbeit teilweise noch keine Untergliederungen vornehmen können, dann nutzen Sie Hilfsgliederungspunkte. Wenn Sie z.B. über Übergangsstrategien etwas schreiben wollen, und Sie haben noch keine gefunden, gliedern Sie einfach so:

        Strategie 1
        Strategie 2
        Strategie 3   und so weiter

Geben Sie den Strategien erst bei der Detailarbeit einen Namen. Die Reihenfolge der Strategien können Sie beim Schreiben immer noch ändern. Hauptsache, Sie können die Literatur der richtigen Strategie zuordnen.

Eine „Karte" sollte wie folgt aussehen:

Name, Vorname	Code
Titel, Ort, Jahr Erschienen in	

Auf der „Karte" muß alles stehen, was Sie für die von Ihnen gewählte Zitierweise benötigen (siehe oben). Wichtig ist ein Code, ein Kürzel, das Sie in der Literaturzuordnungstabelle benutzen. Hier gibt es mehrere sinnvolle Verfahren: Ich nenne eines davon. Der erste Autor mit dem Buchstaben K bekommt das K als Code. Kommt noch einer mit K, dann nehmen Sie die ersten 2 Buchstaben z.B. KR. Kommt noch einer mit KR, dann nehmen Sie die ersten drei Buchstaben. Sie könnten natürlich auch innerhalb eines Buchstabens numerieren. Diese Kürzel verwenden Sie in der Tabelle. Für die Literaturstellen oder Ihre Zusammenfassungen legen Sie Leitzordner an, die Sie nach der gleichen Ordnung sortieren wie Ihre Codes.

Wenn Sie auf diese Weise vorgegangen sind, werden Sie beim Schreiben nach der Lesephase keine Probleme mehr haben. Sie nehmen die Gliederung der Zuordnungstabelle und fangen an, von vorne zu schreiben. Sie haben zu jedem Gliederungspunkt Ihre Literaturstellen, die Sie nur noch sichten müssen, und können sich auf Ihren Stil und Ihren Sprachfluß konzentrieren. Mit Suchen werden Sie keine Zeit vergeuden.

A.6.3 Quellenanalyse

Bei der Suche nach Literaturstellen ist es beliebt geworden, mit Datenbankabfragen zu operieren. Nichts gegen die Datenbankabfragen. Aber häufig sind diese erfolglos und die Studenten kommen dann mit: „Ich finde zu dem Schlagwort nichts". Das Suchen mit Schlagwörtern ist nicht unproblematisch. Man muß die richtigen haben und sie auch im Rahmen des Sprachgebrauchs innerhalb des Wissenschaftsgebietes richtig variieren und anwenden. Ein Student kam einmal mit diesem Problem zu mir und sagte, er finde zu „Übergangsstrategien" nichts. Als ich ihn fragte, ob er auch unter dem Stichwort „Wandel" geschaut hatte, mußte er das verneinen. Innerhalb von betriebswirtschaftlichen Theorien wird eben eher von „Wandel" gesprochen. Solange man nicht selbständig in den Datenbanken suchen kann und diese nicht mit einem sinnvollen Thesaurus versehen sind, rate ich von den Datenbankabfragen ab. Machen Sie sich die Mühe und gehen Sie in Bibliotheken, suchen Sie dort in den Schlagwortregistern und leihen Sie sich einige Werke, bevorzugt Dissertationen oder Habilitationen, aus. Lesen Sie die Gliederung, die Problemstellung und vor allem das Literaturverzeichnis. Wenn eine Dissertation oder Habilitation auch nur annähernd Ihr Thema betrifft, dann wird das Literaturverzeichnis eine wahre Fundgrube für Sie werden. Die Literatursuche gestaltet sich wie das Lostreten einer Lawine. Haben Sie erst einmal ein oder zwei gute Stellen gefunden, dann erhalten sie eine Masse, die Sie kaum mehr verarbeiten können.

Nachdem Sie nun wissen, wie Sie methodisch an die Erstellung einer Diplomarbeit herangehen müssen, erkläre ich Ihnen, womit Sie Ihre Arbeit schreiben sollten.

Teil B MS-Word7 für Windows 95

In diesem Teil des Buches werden Sie anhand eines kleinen Textbeispiels in die Funktionen von MS-Word7 für Windows 95 eingeführt. Es erfolgt dabei eine Beschränkung auf das für eine Haus-, Seminar-, Magister- oderDiplomarbeit unbedingt Nötige. Funktionen, die zwar schön sind, wie die automatische Erstellung der Gliederung aus dem Text heraus, die dem logischen Aufbau einer Diplomarbeit aber zuwider sind, werden nicht erklärt. Die Gliederung muß vor dem Text existieren.

Die Programmbezeichnung „MS-Word7 für Windows 95" ist etwas lang und wird deshalb von jetzt an wie folgt gekürzt: „WinWord7".

B.1 Oberfläche, Tastatur, Menüs benutzen

Wie im Vorwort bereits erwähnt, werden minimale PC-Grundkenntnisse vorausgesetzt. Sie sollten einen PC einschalten oder sich im PC-Netz Ihrer Hochschule anmelden können.

Es wird unterstellt, daß Sie vor einem Hochschulrechner sitzen oder vor Ihrem eignen PC und Sie haben den Programm-Manager von Windows vor sich. Sie klicken mit der Maus auf das Startfeld unten links und ziehen die Maus auf den Menüpunkt „Programme". Ein weiteres Fenster öffnet sich, in dem Sie die Maus auf den Menüpunkt „Microsoft Word" setzen. Wenn sie nun die linke Maustaste anklicken, öffnet sich WinWord7.

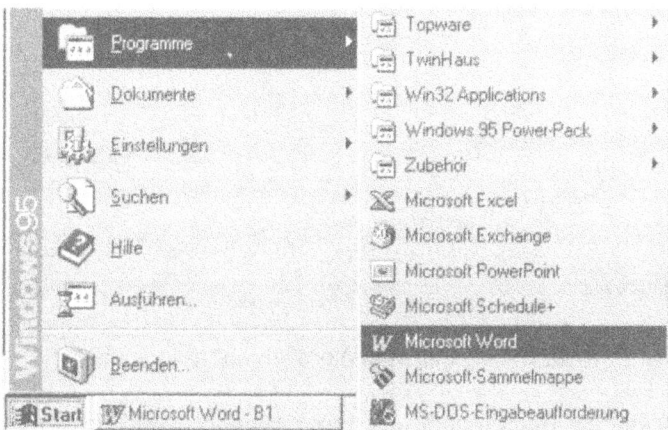

Abb. B.1-1: WinWord7-Menüpunkt im Windows-Programm-Manager

Danach erhalten Sie das Arbeitsblatt mit der Standardoberfläche von WinWord7.

WinWord7 ist ein sogenanntes Windows-Programm. Der Aufbau der Fenster (Oberfläche) in diesen Windows-Programmen ist standardisiert. Das bedeutet, daß das Erlernen eines Programmes leichter fällt, wenn man bereits eines dieser Programme kennt. Falls Sie Excel oder ein anderes Windows-Programm kennen, werden Sie nur einen Bruchteil der Zeit benötigen. Den Neueinsteigern sei gesagt, daß Sie sich mit anderen Programmen leicht tun werden, nachdem Sie diesen Teil durchgearbeitet haben.

Wir wollen uns nun die einzelnen Elemente der WinWord7-Oberfläche genauer ansehen. Die wichtigsten sind in der nachfolgenden Abbildung gekennzeichnet:

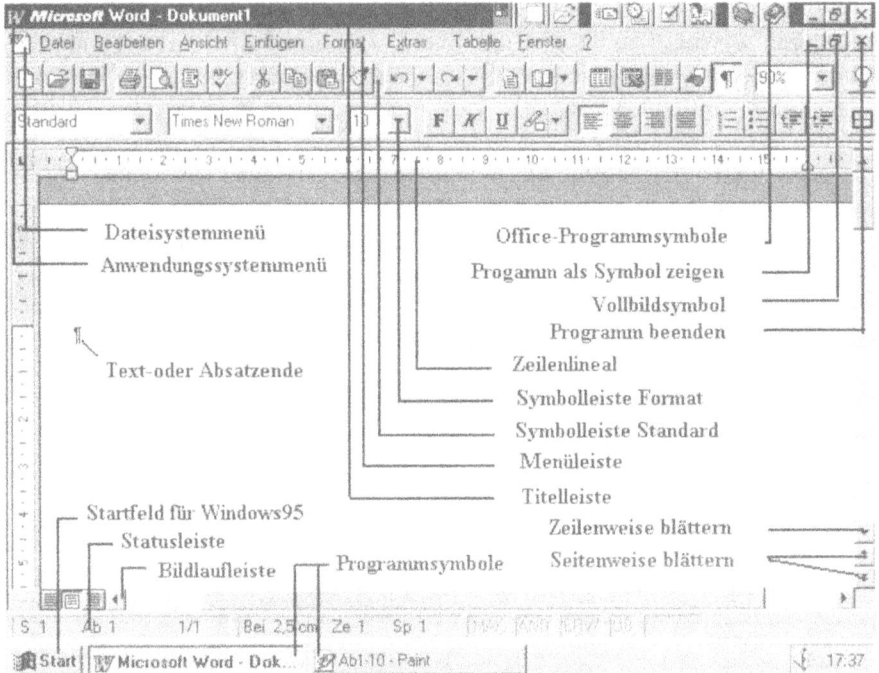

Abb. B.1-2: Die WinWord7-Standardoberfläche

Oben im blauen Balken steht der Programmname und der Name des Dokumentes. Den Namen Dokument1 vergibt WinWord7 automatisch, falls Sie noch keinen anderen Namen zugewiesen haben. Darunter befindet sich die **Menüleiste** mit den Hauptmenüs. Alle Funktionen in WinWord7 können über diese Menüs und die danach folgenden Untermenüs aktiviert werden. Die Schaltflächen in der **Symbolleiste Standard** und der **Symbolleiste Format,** ersetzen die Aktivierung über die Menüauswahl. Mit dem Klicken auf eine Schaltfläche in diesen beiden Leisten wird immer eine Menü- und Auswahlkette ersetzt. Man kann sagen, daß man zunächst einmal wissen muß, wie eine Aktion über die Menüs vorgenommen wird, um dann die schnellen Mausklicks in den Symbolleisten mit den Schaltflächen, die diese Menüfolge ersetzen, zu tätigen. Es wird deshalb primär die Bearbeitung über die Menüs erläutert, um dann die schnellen Mausklicks in den Symbolleisten mit den Schaltflächen anzuschließen. Unter der Symbolleiste Format befindet sich das **Zeilenlineal**, das uns die Ränder, Tabulatoren und andere Seitenformatierungsmöglichkeiten aufzeigt. Wir werden die einzelnen Möglichkeiten noch kennenlernen. Auf der weißen Fläche darunter wird der Text erfaßt. Dies ist das eigentliche **Arbeitsblatt**, das Blatt auf dem Sie schreiben. Ganz unten auf dem Bildschirm ist die **Statusleiste**. Hier erhalten wir Informationen von WinWord7. In ihrer linken Hälfte befinden sich standardmäßig Informationen zum Dokument und zur aktuellen Cursor-Position. In der rechten Hälfte werden die Felder schwarz geschrieben, wenn zum Beispiel die Aufzeichnung eines Makros läuft. Dazu aber später. Mit den Programmsymbolen darunter oder dem Starfeld von Windows 95 kann man diese Programme aktivieren.

Im **Anwendungssystemmenü** können Windows-Standards verändert werden, ohne daß man nach Windows wechseln muß. Mit einem Mausdoppelklick auf dieses Symbol kann man WinWord7 am schnellsten verlassen.

Wie kann man ein Hauptmenü aktivieren? Am einfachsten ist es mit der Maus. Sie gehen mit der Maus auf ein Hauptmenü und klicken mit der linken Maustaste einmal an. Das Menü öffnet sich immer so, daß die Untermenüpunkte linksbündig mit dem Hauptmenüpunkt stehen. In der Abb.B.1-3 ist das Hauptmenü Datei geöffnet.

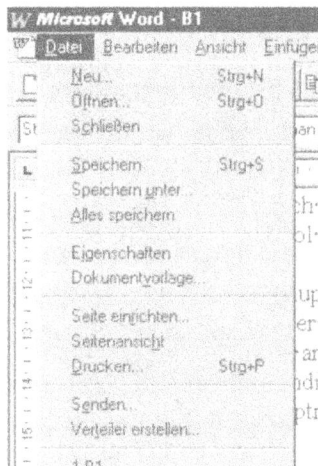

Abb. B.1-3: Hauptmenü „Datei"

Die Untermenüs sind durch Querstriche in logisch zusammengehörige Gruppen aufgeteilt. Der Hauptmenüpunkt „Datei" ist markiert. Hier steht der Cursor. Mit den Cursorpositionstasten kann man die Hauptmenüs nach links oder rechts durchblättern. Die Cursorpositionstasten befinden sich auf der Tastatur zwischen dem Schreibmaschinenblock und dem Nummernblock. Es sind die Tasten mit den Pfeilen in alle vier Richtungen. Aktivieren Sie ein Hauptmenü und blättern Sie mit den Cursorpositionstasten nach links und rechts. Das kann ganz hilfreich sein, wenn man einen Untermenüpunkt sucht und nicht mehr weiß, in welchem Hauptmenü er sich befindet. Einige haben hinter dem Ausdruck drei Punkte. Das bedeutet: wenn man diesen Punkt wählt, kommt noch mindestens ein weiteres Fenster. Stehen keine Punkte dahinter, wird der Befehl direkt ausgeführt. Am Ende des Hauptmenüs „Datei" befindet sich eine Auflistung der Dateien, mit denen zuletzt gearbeitet wurde. Dies erlaubt ein schnelles Öffnen dieser aktuellen Dateien. Die Untermenüauswahl geht am schnellsten mit der Maus. Sie klicken den Untermenüpunkt mit der Maus an, und der Befehl wird ausgeführt, oder ein weiteres Fenster öffnet sich. Neben diesen Möglichkeiten mit der Maus gibt es aber Möglichkeiten, mit der Tastatur zu arbeiten, die der Vollständigkeit halber aufgeführt werden.

Bei den Hauptmenüs ist immer ein Buchstabe unterstrichen. Wenn Sie auf der Tastatur die Tasten <Alt> und <unterstrichener Buchstabe> gleichzeitig drücken, öffnet sich das Menü ebenfalls. In den Untermenüs sind bei den einzelnen Punkten ebenfalls Buchstaben unterstrichen. Hier braucht man nur den unterstrichenen Buchstaben einzutippen, ohne die Taste <Alt> zu drücken. Wir haben in WinWord7 immer die Möglichkeit, mit der Tastatur zu arbeiten. In jedem Fenster ist für die Auswahl ein Buchstabe unterstrichen. Mal selektiert man, indem man den Buchstaben direkt eintippt, ein andermal muß man die Taste <Alt> und <unterstrichener Buchstabe> tippen. Das ist davon abhängig, ob in dem Moment der Eingabe das Eintippen eines Buchstabens dazu führt, daß der Buchstabe geschrieben wird. Beispiel: Wenn Sie in der leeren Maske von WinWord7 ein D tippen, dann erscheint es auf dem Arbeitsblatt. Wenn Sie mit dem D das Menü Datei aktivieren möchten, müssen Sie die Taste <Alt> zusätzlich drücken.

Bevor der Mustertext erfaßt wird, müssen Sie noch einige Tasten kennenlernen.

Die Return-Taste oder Datenfreigabe. Damit erzeugt man ein Absatzende.

In Kombination mit der Hochstellungs-Taste (shift) wird ein Zeilenende oder eine Leerzeile im Absatz erzeugt.

Tabulator-Taste.

Mit der Escape-Taste wird der letzte Arbeitsschritt rückgängig gemacht.

Die Rücklösch-Taste löscht von der Cursor-Position aus nach links.

Neben der Return-Taste befindet sich noch die Taste <Entf>. Mit ihr wird der Text rechts vom Cursor gelöscht. Er wird quasi zum Cursor hingezogen und vom Cursor geschluckt.

Die Alternativ-Taste wird immer in Kombination mit einer anderen Taste benutzt. Mit ihr wird die alternative Belegung dieser anderen Taste benutzt.

Sie sollen die Funktionen von WinWord7 an einem praktischen Beispiel kennenlernen. Dafür sollen Sie einen Text, wie er in einer wissenschaftlichen Arbeit vorkommen könnte, erfassen. Damit Sie nicht zuviel arbeiten müssen, ist er nur eine Seite lang.

Schreiben Sie beim Erfassen des Textes über das Zeilenende hinweg. WinWord7 bricht den Text selbständig um. Die Silbentrennung lassen wir später automatisch durchführen. Drücken Sie lediglich an den Absatzenden die Taste <Return>.

Es macht nichts, wenn Sie sich vertippen. Lassen Sie Fehler ruhig im Text stehen. Auch versehentlich gesetzte Absatzenden oder Leerzeilen lassen Sie im Dokument.

Nach dem Speichern und Benennen des Dokumentes werden wir die Korrektur dieser Erfassungsfehler behandeln.

B.2 Text erfassen und speichern

B.2.1 Mustertext erfassen

Der Ausdruck „Einflußpotential" setzt sich zusammen aus den Wörtern" Einfluß" und „Potential". Potential bedeutet in seiner allgemeinen Form die Summe aller für einen Zweck zur Verfügung stehenden Mittel. Es handelt sich somit um die Summe aller Mittel, die es ermöglichen, Einfluß ausüben zu können. Dies macht es nun noch erforderlich, den Begriff Einfluß zu präzisieren und auf die Mittel - Zweck - Beziehung einzugehen. Im Gegensatz zur eindeutigen und unmißverständlichen allgemeinen Definition von Potential bereitet die Definition von Einfluß Schwierigkeiten. Aufgrund der engen Verwandtschaft der Begriffe Einfluß und Macht läßt sich die einschlägige Literatur nicht eindeutig in eine "Einfluß-" und in eine "Machtliteratur" aufteilen. Diese Begriffe müssen deshalb zunächst gemeinsam betrachtet werden. Bei beiden Begriffen handelt es sich um Erscheinungen, die in der Realität existieren, sich aber nicht direkt beobachten lassen. Eine Umsetzung der theoretischen Begriffe in beobachtbare, meßbare Größen ist erforderlich. Diese Umsetzung kann ideologie- oder vorurteilsbeladen erfolgen. Das hat zur Folge, daß es eine Vielzahl von Begriffsdefinitionen gibt, jedoch keine allgemein akzeptierte. Kirsch führt in der Fußnote 40 allein 57 Literaturquellen zur Begriffsbildung von Macht und Einfluß auf.

Empirische Macht- und Einflußforschung, deren Notwendigkeit unbestritten ist, kann sich nicht an Definitionen orientieren, die nicht mit der Absicht geschaffen wurden, meßbare Konzepte zu entwickeln. Einheitliche, klare und präzise Begriffsabgrenzungen, die eine spätere Operationalisierung und damit empirische Überprüfung ermöglichen, sind erforderlich.

Geht man davon aus, daß menschliches Verhalten eine Funktion von Umwelt- und Personenfaktoren ist, die sich gegenseitig beeinflussen, so ergibt sich als Teil dieser Funktion eine Sozialfunktion, die alle Begriffsinhalte von Einfluß und Macht abdeckt. Menschliches Verhalten wird durch Personen beeinflußt. Einfluß ist somit die Determi-

nierung des Verhaltens einer Person durch eine soziale Einheit. Bezieht man die Definition von Potential mit ein, dann kommt man zur folgenden Definition von Einflußpotential: Einflußpotential ist die Summe aller zur Verfügung stehenden Mittel einer sozialen Einheit zur Determinierung des Verhaltens einer Person oder anderen sozialen Einheit. Bezogen auf einzelne Personen findet sich diese Definition auch bei French and Raven. "...influence is kinetic power, just as power is potential influence." Auch Max Weber definiert Macht als Chance, seinen Willen durchzusetzen.

An dieser Stelle endet der Mustertext. Es war eine Seite angekündigt, und länger war der Text auch nicht. Wegen der besseren Lesbarkeit ist er etwas auseinandergezogen, und es sind jetzt eineinhalb Seiten. Bei Ihnen wird es aber nur eine Seite sein.

Wenn Sie in der Symbolleiste Standard folgende Schaltfläche anklicken,

¶

Abb. B.2.1-1: Die Schaltfläche zum Ein- und Ausschalten
der nicht druckbaren Zeichen

werden die nicht druckbaren Zeichen auf dem Bildschirm sichtbar. Es sieht dann auf Ihrem Bildschirm so aus, wie in Abb. B.2.1-2. Sie sollten dann nur die Punkte für die Leerzeichen sehen und an den Absatzenden oder den Leerzeilen zwischen den Absätzen das Zeichen für Absatzende. Sollten Sie aus Versehen zuviel Absatzendezeichen im Text haben, weil Sie am Zeilenende die Taste <Return> gedrückt haben, so markieren Sie diese, indem Sie mit der Maus darüberziehen, und löschen Sie sie, indem Sie die Taste <Entf> drücken. Zum Markieren positionieren Sie den Cursor mit der Maus links neben dem Absatzendezeichen, klicken die linke Maustaste an und ziehen die Maus ein bißchen nach rechts. Das Zeichen ist schwarz hinterlegt, wenn es markiert ist.

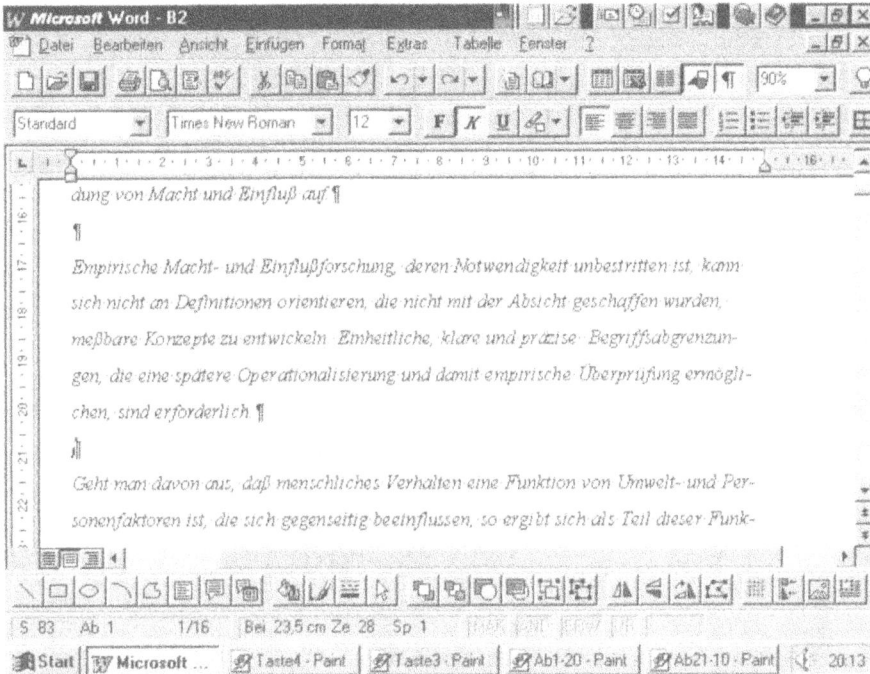

Abb. B.2.1-2: Textausschnitt mit nicht druckbaren Zeichen im Arbeitsblatt

B.2.2 Dokument benennen und speichern

Ihr Dokument wird den Namen „Dokument1" haben. Er ist oben im blauen Balken abgebildet. Dieser Name wurde von WinWord7 vergeben und gilt solange, bis Sie einen eigenen Namen vergeben. Den vorgeschlagenen Namen sollten sie nicht verwenden, da WinWord7 immer die gleichen Namen vergibt. Das Vergeben eines Namens geschieht beim Speichern.

Die Untermenüs zum Speichern befinden sich im Menü „Datei". Öffnen Sie dieses Menü. Hier finden Sie „Speichern" und „Speichern unter". Man kann sich den Unterschied am leichtesten erklären, wenn man bei letzterem in Gedanken anfügt: *Speichern unter einem neuen oder anderen Namen.* Immer, wenn Sie einen Namen vergeben oder ein Dokument mit einem anderen Namen speichern wollen, aktivieren Sie ***Datei*** ⇨ ***Speichern unter***. Sie erhalten dann das Fenster aus Abb. B.2.2-1.

Abb. B.2.2-1: Das Fenster „Speichern unter" im Menü „Datei"

Im folgenden sind Tätigkeiten, die Sie ausführen sollen, wie z.B. das akti-vieren von Menüs, fett und kursiv geschrieben. Der Pfeil ⇨ bedeutet „danach". Die Darstellung :

Datei ⇨ *Speichern unter* bedeutet demnach:

Datei	öffnen Sie das Hauptmenü „*Datei*"
⇨	danach
Speichern unter	öffnen Sie das Untermenü „*Speichern unter*"

Menüs oder Schaltflächen, die informativ beschrieben werden, sind in Gänsefüßchen geschrieben.

Auf der rechten Seite dieses Fensters sehen Sie einige typische Schaltflä-chen. „Speichern" ist synonym zu sehen mit der Datenfreigabe- oder Re-turn-Taste. „Abbrechen" entspricht der ESC-Taste. Hinter der Schaltfläche „Optionen" stehen 3 Punkte. Das bedeutet dasselbe wie in den Untermenüs.

Zum Speichern haben Sie 4 Eingabefelder:

1. Speichern in
2. Name
3. Dateiname
4. Dateityp

Bei „Speichern in" wählen Sie den Speicher, auf dem Sie Ihr Dokument speichern wollen. Hier sind die Diskettenlaufwerke und die Festplatte(n) aufgelistet. Bisher steht Ihr Dokument im Hauptspeicher des Computers. Dies ist ein flüchtiger Speicher, d.h., wenn Sie den Computer ausschalten, ist das Dokument gelöscht. Deshalb müssen Sie aus Sicherheitsgründen rechtzeitig auf einem externen Speicher (Festplatte oder Diskette) speichern. Sie wählen hier entweder die Festplatte oder ein Diskettenlaufwerk, falls Sie an einem vernetzten Hochschulrechner sitzen und Sie keine Schreibrechte haben. Die Speicher kann man organisieren, d.h. sie aufteilen. Diese Aufteilungen heißen Verzeichnisse oder Ordner. Sie könnten sich zum Beispiel, einen Ordner anlegen, in den Sie Ihre Diplomarbeit speichern.

Abb. B.2.2-2: Schaltfläche zum Anlegen eines neuen Ordners

Sie erhalten dann folgendes Fenster:

Abb. B.2.2-3 Das Anlegen eines neuen Ordners

Bei „Name" können Sie den Ordner benennen. Zum Beispiel „Diplomarbeit". Mit OK kommen Sie zurück in das Fenster „Speichern unter".

Wenn Sie das Fenster „Speichern in" durch anklicken des Pfeiles öffnen, können Sie auch das Laufwerk bestimmen, auf dem sie speichern wollen. Nachdem Sie das Laufwerk und den Ordner gewählt haben, können Sie bei „Dateiname" den Namen für das Dokument eingeben. Sie können aber auch an dieser Stelle das Laufwerk und das Verzeichnis mit eingeben. Der Name des Dokumentes darf 252 Stellen lang sein. Dahinter kommt bei den Dateinamen ein Punkt und 3 weitere Stellen, der sogenannte Suffix. Dieser wird von WinWord7 automatisch vergeben. Bei einem Dokument ist der Suffix immer .DOC. Man erkennt daran, daß es sich um WinWord-Dateien handelt.

In Abb. 2.2-1 ist „B2" eingegeben. Das Dokument1 bekommt den Namen B2 (Das Kapitel in dem wir uns gerade befinden) und wird im Ordner „Buch95" gespeichert. Wenn Sie mit der Maus auf „OK" klicken, erfolgt das Speichern. Das Fenster schließt sich und Sie kehren zu Ihrem Dokument zurück. Im blauen Balken über dem Dokument steht nun der neue Dateiname B2.

Von diesem Moment an steht das Dokument dauerhaft zur Verfügung, auch wenn Sie Ihren Computer ausschalten oder Sie einen Stromausfall haben.

Worin unterscheiden sich nun „Speichern" und „Speichern unter" im Menü „Datei"? Wenn Sie an einem Dokument arbeiten, das bereits gespeichert ist und damit auch einen Namen hat, und Sie die von Ihnen vorgenommenen Veränderungen speichern wollen, wählen Sie „Speichern". Wenn Sie das Datei-Menü noch einmal öffnen, sehen Sie hinter dem „Speichern" die Tastenkombination (<Strg> + <S>). Mit dieser Tastenkombination können Sie jederzeit den neuesten Stand speichern. Wenn man einen Textteil geschrieben hat, für den sich das Speichern lohnt, kann man schnell diese Tasten drücken.

Merken Sie sich die 10 Gebote in der Datenverarbeitung:
1. Speichern
2. Speichern
3. Speichern
usw.

Nichts ist ärgerlicher als der Verlust von Dateien, die eine Menge Arbeit gemacht haben, nur weil man vergessen hat zu speichern.

Abb. B.2.2-4: Die Schaltfläche für das Speichern mit der Maus

Sie können das Speichern auch mit der Maus über das Diskettensymbol in der Symbolleiste Standard (Abb. B.2.2-4) veranlassen. Woher weiß nun WinWord7, ob Sie die Funktion „Speichern" oder „Speichern unter" aktivieren wollten? Wenn das Dokument einen Namen hat, wird „Speichern" veranlaßt, wenn es keinen Namen hat, erscheint das Fenster von „Datei" ⇨ „Speichern unter" (Abb. B.2.2-1) und Sie verfahren wie oben beschrieben.

B.2.3 Dokument und Programm beenden

Der Bildschirm besteht aus zwei Elementen:

1. Datei (Dokument)
2. Anwendungssystem (WinWord7)

Öffnen Sie, nachdem Sie das Musterdokument gespeichert haben, das Menü *Datei.*
Sie finden den Punkt *Schließen*. Aktivieren Sie ihn.

Sie erhalten dann einen Bildschirm wie auf Abb. B.2.3.-1. Dies ist die eigentliche Oberfläche von WinWord7. Nachdem kein Dokument mehr zur Bearbeitung ansteht, hat sich auch das Hauptmenü reduziert, und beinhaltet nur noch das Hauptmenü „Datei". Das Dokument B2 ist inaktiv, steht aber auf der Diskette oder der Festplatte zu Verfügung. Wenn Sie nun das Hauptmenü Datei wieder öffnen, wird unten auch die Datei „B2" aufgelistet sein.

Abb. B.2.3-1: Das WinWord7-Anwendungssystem

89

WinWord7 zeigt hier bis zu 9 Dateien an, die zuletzt bearbeitet wurden. Wenn Sie hier *Diplarb* anklicken, wird die Datei geöffnet.

Der letzte Menüpunkt im Menü „Datei" ist „Beenden". Wenn Sie „Beenden" aktivieren, beenden Sie die WinWord7-Sitzung, und es erscheint wieder der Programm-Manager von Windows auf dem Bildschirm. Sie können nun ein anderes Programm starten oder die Arbeitssitzung ganz beenden.

Das Beenden von WinWord7 geht am schnellsten mit einem doppelten Mausklick auf das Symbol für das Anwendungssystemmenü. Das ist die Schaltfläche ganz oben links auf dem Bildschirm (Vgl. Abb. B.1-2) Wenn Sie diese Schaltfläche zu langsam anklicken oder nur einmal, dann öffnet sich das Anwendungssystemmenü. Mit „Schließen" in diesem Menü können Sie WinWord7 auch beenden. Daneben steht noch eine Tastenkombination (<Alt> + <F4>). Diese Tastenkombination schließt alle Windows-Programme. F4 ist die Funktionstaste F4 oberhalb des Schreibmaschinenteils Ihrer Tastatur. Es gibt somit 4 Möglichkeiten, WinWord7 zu beenden.

B.2.4 Dokument öffnen

Sie haben nun WinWord7 wieder gestartet und wollen eine bestimmte Datei bearbeiten, die nicht mehr im Menü „Datei" aufgeführt ist. Über das Menü verfahren Sie wie folgt: Sie aktivieren *Datei* ⇨ *Datei öffnen* .

Dasselbe funktioniert auch über die Symbolleiste, indem Sie folgende Schaltfläche anklicken:

Abb. B.2.4-1: Schaltfläche zum Öffnen einer bestehenden Datei

Sie erhalten mit beiden Methoden folgendes Fenster:

Abb. B.2.4-2: Das Fenster „Öffnen" im Menü „Datei"

Dieses Fenster hat die gleichen Elemente wie das Fenster „Speichern unter". So wie Sie beim Speichern sagen müssen, auf welches Laufwerk Sie speichern wollen, in welches Verzeichnis und unter welchem Namen, so müssen Sie in der umgekehrten Reihenfolge den Pfad oder den Ordner auch angeben. Sie können das tun, indem Sie in dem Fenstern „Suchen in" die Selektionen vornehmen, oder indem Sie im Fenster „Dateiname" den ganzen Pfad angeben. Zum Beispiel „a:diplomarbeit.doc" wenn Sie ihre Datei *Diplomarbeit* von der Diskette in Laufwerk a: holen wollen. Die übrigen Bildelemente werden später im Rahmen der Dateiorganisation erklärt. Nach dem Mausklick auf *OK* wird die Datei geöffnet und steht Ihnen zur Bearbeitung wieder zur Verfügung.

Wenn Sie ein neues Dokument anlegen möchten, können Sie, egal, ob Sie ein Dokument auf dem Bildschirm stehen haben oder nicht, entweder *Datei* ⇨ *Neu* aktivieren

oder die Schaltfläche in der Symbolleiste anklicken.

Abb. B.2.4-3: Schaltfläche zum Öffnen einer neuen Datei

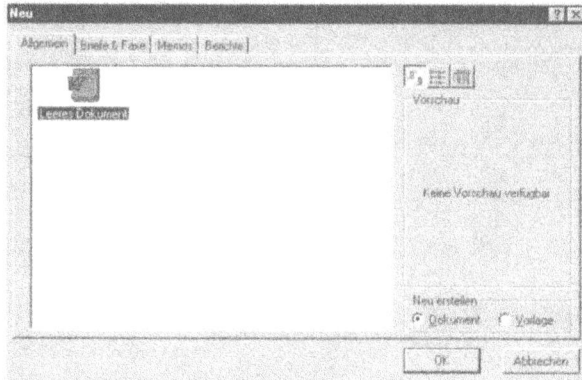

Abb. B.2.4-4: Anlegen eines neuen Dokumentes mit „Datei Neu"

Beim Öffnen über die Menüs erscheint danach obenstehendes Fenster. Dies können Sie zunächst übergehen durch **Return** oder **OK** mit der Maus.

Beim Öffnen eines neuen Dokumentes mit der Schaltfläche wird dieses Fenster übergangen und sofort ein Dokument mit der Dokumentenvorlage NORMAL.DOT geöffnet. Auf den Umgang mit der Dokumentenvorlage wird im folgenden noch genau eingegangen.

B.3 Text überarbeiten

Nachdem Sie den Text erfaßt und gespeichert haben, werden Sie ihn überarbeiten, d.h. Fehler korrigieren und die optische Form optimieren. Wir fangen mit der Korrektur der Tippfehler an.

B.3.1 Tippfehler korrigieren

Beim Erfassen des Textes haben Sie sich sicher vertippt. Buchstabendreher, fehlerhafte Groß- und Kleinschreibung, fehlende Buchstaben usw. sind völlig normale Tippfehler. Während die Korrektur früher mit der Schreibmaschine ein Problem war, ist sie mit WinWord7 kinderleicht.

Zunächst das Löschen:

Sie haben Buchstaben zuviel getippt und wollen sie löschen. Dafür gibt es zwei Wege:

1. Sie setzen den Cursor mit der Maus rechts neben den Buchstaben, den Sie löschen wollen und klicken die Maus an. Mit der Taste <←>, der sogenannten Cursor-Rück-Taste, die über der Return-Taste liegt, löschen Sie von der Cursorposition nach links. Tippen Sie die Taste nur einmal kurz an, so löschen Sie einen Buchstaben. Bleiben Sie längere Zeit mit dem Finger auf der Cursor-Rück-Taste, dann läuft der Cursor löschend nach links, bis Sie wieder loslassen.

2. Sie können aber auch den Text rechts vom Cursor löschen. Dafür setzen Sie den Cursor links neben die Stelle, die Sie löschen wollen, und drücken die Taste <Entf>. Der Text wird von rechts zum Cursor hingezogen, und es sieht so aus, als ob der Cursor die Buchstaben schlucke. Auch hier löschen Sie einen einzelnen Buchstaben, indem Sie die Taste kurz antippen. Bleiben Sie länger auf der Taste, so löschen Sie größere Textteile.

Wenn Sie ganze Wörter oder Textteile löschen wollen, müssen Sie diese erst markieren. Wir werden weiter unten einige Markiermöglichkeiten kennenlernen. An dieser Stelle soll nur die einfachste erklärt werden.

Wenn Sie z.B. zwei Wörter löschen wollen, gehen Sie mit der Maus auf den Anfang des linken Wortes. Dann klicken Sie mit der linken Maustaste an, halten die Taste gedrückt und ziehen, indem Sie die Maus nach rechts bewegen, über die beiden Wörter. Die beiden Wörter sind jetzt schwarz hinterlegt, somit markiert. Wenn Sie die Wörter löschen wollen, drücken Sie die Taste <Entf>. Wenn Sie ein Wort durch ein anderes ersetzen wollen, verfahren Sie bis zum Markieren wie eben beschrieben. Wenn das Wort markiert ist, brauchen Sie nicht zu löschen, sondern Sie schreiben das neue Wort einfach darüber.

Wenn Sie eine Leerzeile zuviel eingefügt haben, setzen Sie den Cursor vor das Absatzendezeichen am Zeilenanfang und drücken Sie die Taste <Entf>. Die Zeile wird gelöscht. Haben Sie im Absatz ein Absatzende durch Drükken der Taste <Return> erzeugt, so können Sie das wieder rückgängig machen, indem Sie das Absatzendezeichen mit der Maus markieren und mit der Taste <Entf> löschen.

Nun zum **Einfügen:**

Wenn Sie einen oder mehrere Buchstaben im Text vergessen haben, setzen Sie den Cursor mit der Maus auf die Stelle, an der die Einfügungen erfolgen müssen. Sie können den oder die Buchstaben sofort eintippen. Win-Word7 arbeitet normalerweise im „Einfügemodus". Das heißt, der Text wird sofort durch das Einfügen von Buchstaben nach rechts verschoben.

Wenn Sie eine Leerzeile innerhalb eines Absatzes einfügen wollen, setzen Sie den Cursor an die gewünschte Stelle und drücken Sie die Tasten:

Wollen Sie zwischen Absätzen Leerzeilen einfügen, so setzen Sie den Cursor an das Absatzende und drücken die Return-Taste. Mit jedem Tastendruck wird eine Leerzeile eingefügt.

Noch ein Tip:

> Alle Bearbeitungsvorgänge können mit der Taste <Esc> abgebrochen werden. Innerhalb von Fenstern haben die Schaltflächen „Abbrechen" für die Benutzung mit der Maus die gleiche Funktion wie <Esc>.

B.3.2 Textteile markieren

Wenn man Textteile löschen oder versetzen möchte, ist es erforderlich, diese Textteile erst zu markieren. Auch wenn man einzelne Textteile besonders gestalten (formatieren) möchte, z.B. durch andere Schrift oder Hervorhebung, muß man die Stellen, an denen die Formatierung angewendet werden soll, erst markieren.

Wir haben oben bereits gesehen, daß das Markieren durch Ziehen mit der Maus möglich ist. WinWord7 bietet darüber hinaus noch einige Markiermöglichkeiten, die in der Praxis sehr hilfreich sind.

Markierobjekt	Markiertechnik
Buchstabe	Mit der Maus drüber ziehen oder mit der Tastatur die Hochstellungstaste <⇧> gedrückt halten und die Cursorpositionstasten <←> oder <→> benutzen.
Mehrere Buchstaben	dito.
Wort	Doppelklick mit der Maus auf dem Wort.
Satz	<Strg> + Mausklick im Satz. (Achtung: Markiert zwischen 2 Punkten. Muß nicht immer der ganze Satz sein).
Zeile	Mausklick links neben der Zeile, außerhalb des Satzspiegels.
Absatz	Doppelklick links neben dem Absatz, außerhalb des Satzspiegels
Ganzes Dokument	<Strg> + Mausklick links neben der Zeile, außerhalb des Satzspiegels oder über das Menü mit „Bearbeiten" ⇨ „Alles markieren"

B.3.3 Textteile mit der Maus versetzen (Drag and Drop)

Sie haben einen Text erfaßt und stellen nachträglich fest, daß der Satzbau nicht sehr glücklich ist. Sie wollen einzelne Wörter versetzen, ohne Textteile neu schreiben zu müssen. Oder Sie wollen einen Absatz oder eine Graphik an eine andere Stelle bewegen. Dafür nutzt man die Funktion „Drag and Drop". Da die Übersetzung „ziehen und fallenlassen" unschön ist, wird im folgenden der englische Ausdruck verwendet.

So funktioniert es:

1. *Den zu versetzenden Teil (Text, Fußnote, Graphik, Tabelle und so weiter) mit der Maus markieren.*

2. *Die Maus loslassen.*

3. *Die Maus auf den markierten Teil setzen, anklicken, festhalten und an die neue Stelle ziehen.*

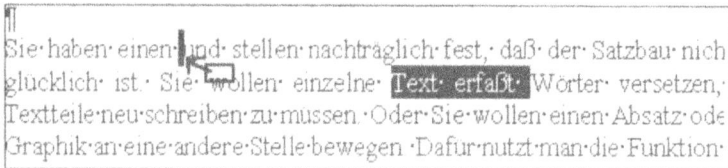

Abb. B.3.3-1: Versetzen von Text mit Drag and Drop

Wenn man die markierte Textstelle mit der Maus festhält und beginnt, die Maus zu ziehen, hängt sich ein kleines Rechteck unten an die Maus an, als Symbol für den zu versetzenden Teil. Vor die Maus setzt sich ein vertikaler Balken in Höhe der Zeile. Er hat keine statische Position zur Maus, sondern er hüpft wortweise vor der Maus her. Dieser Balken markiert die genaue Position, an die der Textteil gesetzt werden soll. Der Balken kann nur zwischen einzelnen Wörtern oder Absätzen plaziert werden. Eine Plazierung mitten im Wort ist nicht möglich.

B.3.4 Arbeitsschritte rückgängig machen oder wiederholen

Wenn Sie sich z.B. beim Löschen vertan haben, oder Sie haben einen Text versetzt und versehentlich nicht die richtige Zielposition getroffen, können Sie diese Aktionen in WinWord7 wieder rückgängig machen oder auch wiederholen. Diese Anwendungen befinden sich im Menü *Bearbeiten.*

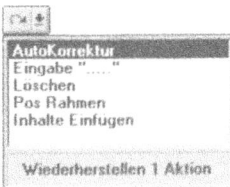

Abb. B.3.4-1: „Rückgängig" und „Wiederholen" im Menü „Bearbeiten"

Wenn Sie also mit Drag and Drop üben, können Sie auf diesem Weg das Versetzen annullieren.

Man kann in WinWord7 mehr als nur den letzten Arbeitsschritt rückgängig machen oder wiederholen, und zwar wie folgt:

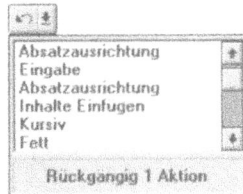

Abb. B.3.4-2 und B.3.4-3: Die Fenster aus der Symbolleisteleiste für
„Rückgängig" machen und „Wiederholen"

Die rechte Schaltfläche dient der Funktion „Rückgängig", die linke der Funktion „Wiederherstellen". Hier sind die letzten Arbeitsschritte aufgelistet. Man kann einen Schritt selektieren und ausführen. Wenn man z.B. einige Löschungen hintereinander vornimmt, steht in diesen Fenstern nur wiederholt „Löschen". Es ist schwer, die einzelne Tätigkeit zuzuordnen.

97

B.3.5 Cursor positionieren

Bei der Textverarbeitung kann man eine deutliche Arbeitsbeschleunigung erzielen, wenn man einige Tastenschlüssel beherrscht. Die Erfassung von Text erfolgt nun mal mit den Fingern auf der Tastatur. Der Wechsel von der Tastatur zur Maus ist ein Systembruch, wie ein Organisator sagen würde, und dort, wo es möglich ist, zu vermeiden. Einige Tastenbedeutungen haben Sie schon kennengelernt. Wir wollen uns nun die Cursorbewegungen ansehen:

[→]	Cursor schrittweise nach rechts
[←]	Cursor schrittweise nach links
[↑]	Cursor zeilenweise nach oben
[↓]	Cursor zeilenweise nach unten
[Bild ↑]	Seitenweise aufwärts blättern
[Bild ↓]	Seitenweise abwärts blättern
[Pos1]	Cursor an den Zeilenanfang setzen
[Ende]	Cursor an das Zeilenende setzen
[Strg] + [→]	Wortweise nach rechts springen
[Strg] + [←]	Wortweise nach links springen

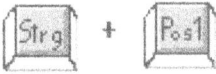

An den Anfang des Dokumentes (oben links)

An das Ende des Dokumentes (unten rechts)

Das Versetzen des Cursors ist aber auch mit der Maus möglich, nämlich mit den Bildlaufleisten, die sich am rechten und unteren Rand ihres Bildschirmes befinden.

Mit dem einfachen Pfeil nach unten oder oben kann man im Dokument zeilenweise blättern. Man klickt den Pfeil einmal an, um eine Zeile zu blättern. Bleibt man auf dem Pfeil und hält die Maus gedrückt, so rollt der Text nach unten oder oben.

Mit den Doppelpfeilen kann man seitenweise nach unten oder oben blättern. Dabei werden Dokumentenseiten durchgeblättert.

Abb. B.3.5-1 Vertikale Bildlaufleiste

Die helle Schaltfläche zwischen den Einzelpfeilen erlaubt es Ihnen, stufenlos zu blättern. Sie gehen mit der Maus auf diese Fläche, klicken an und halten die Maustaste gedrückt. Wenn Sie diese Fläche nach oben oder unten ziehen, öffnet sich ein kleines Fenster im Text, das Ihnen die Seite anzeigt, auf die Sie springen würden, wenn Sie die Maus losließen. Bei größeren Dokumenten ist das sehr hilfreich, weil das Blättern meist viel Zeit in Anspruch nimmt. Auf diese Weise kann man den Cursor gezielt auf eine gewünschte Seite positionieren.

B.3.6 Rechtschreibung prüfen

Auch wenn man seine Tippfehler, die man bei der Texterfassung bemerkt
hat, gleich korrigiert, kann man nicht davon ausgehen, daß der Text fehlerfrei ist. Manche Tippfehler übersieht man, weil man sich beim Lesen zu
sehr auf die Inhalte konzentriert. Um diese Fehler auch noch aufzuspüren,
benutzt man das Rechtschreibprüfprogramm von WinWord7. In Kenntnis
der Funktion „Rechtschreibprüfung", braucht man bei der Erfassung eines
Textes nicht zu sehr auf Tippfehler achten.

Aktivieren Sie: *Extras* ⇨ *Rechtschreibung*. Sie erhalten dann folgendes
Fenster:

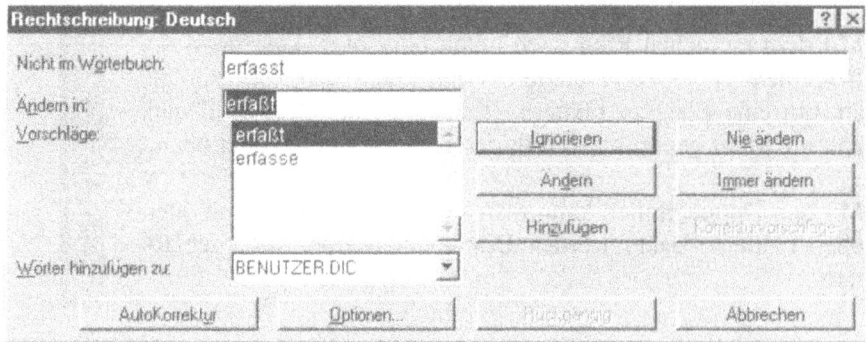

Abb. B.3.6-1: Die Rechtschreibprüfung im Menü „Extras"

Das Rechtschreibprüfprogramm wird, von der Cursorposition beginnend
nach unten, die einzelnen Wörter mit seiner Bibliothek (*Benutzer.Dic*) ver-
gleichen. Findet das Programm ein Wort, das es nicht kennt oder das es für
falsch geschrieben hält, zeigt es das Wort im Feld „Nicht im Wörterbuch".
Es wird, wenn es eine Alternative findet, wie in Abb. B.3.6-1 einen Ände-
rungsvorschlag machen. Findet es mehrere ähnliche Wörter, so wird es diese als „Vorschläge" aufführen. Sie können nun mit den Schaltfeldern im
rechten Teil des Fensters Ihre Aktion bestimmen. Mit „Ändern" wird das
falsche Wort im Text durch das vorgeschlagene ausgetauscht. Sie können
aber auch aus der Vorschlagsliste eines mit der Maus selektieren und dann
„Ändern" anklicken.

WinWord7 ordnet das Korrekturfenster unten auf der Bildschirmseite an
und schiebt den Text mit dem zu korrigierenden Wort sichtbar in den oberen Teil des Bildschirmes. Jetzt kann man im Text sehen, ob die vorge-

schlagene Änderung sinnvoll ist. Manchmal paßt das vorgeschlagene Wort nicht in den Text. Dann klickt man auf „Ignorieren". Das Rechtschreibprüfprogramm sucht dann weiter. Sollten Sie in einem längeren Text einen Fehler haben, den Sie häufig vermuten, dann können Sie „Immer ändern" anklicken. Falls der Fehler dann noch einmal oder mehrmals gefunden wird, wird er automatisch geändert. Stoppt das Prüfprogramm bei einem Ausdruck, der nicht zu ändern ist, und gilt dies für das ganze restliche Dokument, klicken Sie „Nie ändern".

Sie können die Bibliothek, mit der die Rechtschreibprüfung vorgenommen wird, auch mit Ihren eigenen Ausdrücken erweitern. Spezielle Fremdwörter oder Fachtermini sind hier geeignet. Meldet das Prüfprogramm ein solches Wort als „Nicht im Wörterbuch", dann klicken Sie auf die Schaltfläche „Hinzufügen". Der Ausdruck wird dann in die Bibliothek übernommen.

WinWord7 verfügt über die Möglichkeit, die Rechtschreibung während des Texterfassens zu prüfen. Findet WinWord7 ein Wort nicht, so wird es rot unterstrihen (allerdings gezackt). Mit der rechten Maustaste kann man dann ein Fenster zum Korrigieren öffnen, oder einen Tippfehler wie hier direkt im Text ändern. Dies ist in einer studentischen Arbeit nicht empfehlenswert, da man ständig aus dem Gedankengang gerissen wird.

WinWord7 verfügt darüber hinaus über eine „AutoKorrektur". Das klingt so, als ob bei der Texterfassung gleich automatisch jeder Tippfehler korrigiert wird. Dies ist nicht so. Standardmäßig ist nur wenig in der „AutoKorrektur" hinterlegt. Buchstabendreher wie „dei" statt „die" sollen mit der AutoKorrektur während der Texterfassung bereits geändert werden. Die AutoKorrektur sollen Sie sich individuell füllen. Wenn Sie bei der Rechtschreibprüfung einen Ihrer typischen Dreher finden und unter „Ändern in" der korrekte Ausdruck steht, dann klicken Sie die Schaltfläche „AutoKorrektur". Diese zwei Literale werden nun in die Liste zur AutoKorrektur übernommen.

Sie prüfen wie folgt, was für einen Inhalt die „AutoKorrektur" hat: Menü *Extras* ⇨ *AutoKorrektur*. Sie erhalten das Fenster aus Abb. B.3.6.-2.

Sie füllen sich die AutoKorrektur am besten über das RechtschreibungsFenster, da Ihnen hier Ihre individuellen Tippfehler vorgeführt werden.

101

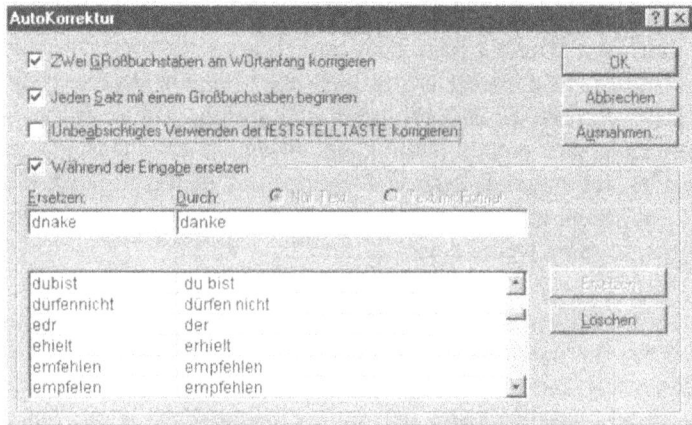

Abb. B.3.6-2: Die AutoKorrektur im Menü „Extras"

Die Einstellungen für die Rechtschreibprüfung werden im Menü *Extras*
⇨ *Optionen* und der Registerzunge *Rechtschreibung* vorgenommen Sie
erhalten dann folgendes Fenster:

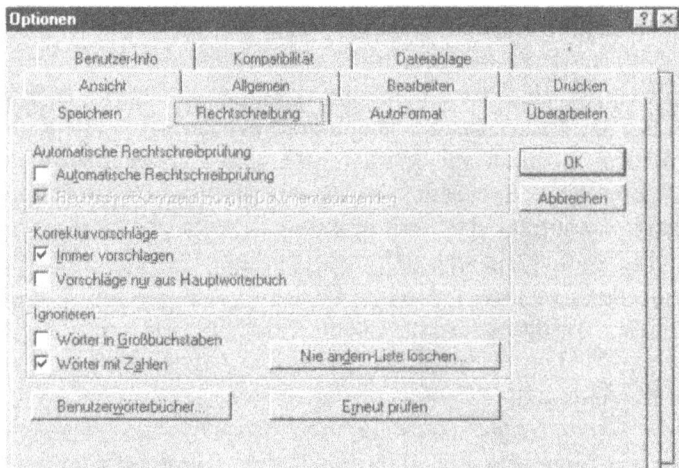

Abb. B.3.6-3: „Extras" „Optionen" „Rechtschreibung"

Wenn hier „Automatische Rechtschreibprüfung" gekennzeichnet ist, erfolgt
die Meldung während des Schreibens durch rot unterstreichen.

102

Das Öffnen der Rechtschreibprüfung ist auch mit der Maus möglich. Klikken Sie dazu auf folgende Schaltfläche:

Abb. B.3.6-4: Schaltfläche für die Rechtschreibprüfung

Überarbeiten Sie auf diese Weise Ihren Mustertext für die Diplomarbeit. Die Rechtschreibprüfung beginnt immer an der Cursorposition, geht dann nach unten und wird, wenn das Dokumentenende erreicht ist, am Dokumentenanfang fortgesetzt. Es erfolgt allerdings erst eine Anfrage, ob die Rechtschreibprüfung am Anfang des Textes fortgesetzt werden soll. Wenn die Rechtschreibprüfung für das ganze Dokument erfolgt ist, erhalten Sie eine Meldung darüber, daß die Rechtschreibprüfung abgeschlossen ist.

Wenn Sie nicht das ganze Dokument prüfen lassen wollen, sondern nur einen Teil, so müssen Sie den Teil des Dokumentes, der geprüft werden soll, markieren, bevor Sie die Rechtschreibprüfung aktivieren. Nach Abschluß der Prüfung des markierten Teils kommt die Meldung, daß der markierte Teil geprüft ist und es wird angefragt, ob der Rest des Dokumentes auch geprüft werden soll. Dies können Sie bejahen oder verneinen.

Probieren Sie das aus. Bei nachträglich eingeschobenen Sätzen oder Absätzen in längeren Diplomarbeiten ist die selektive Rechtschreibprüfung sehr hilfreich. Die Rechtschreibprüfung dauert auf langsamen PCs recht lange, weil die Bibliothek von WinWord7 ziemlich groß ist.

B.3.7 Silbentrennung vornehmen

Um eine optimale Darstellung des Textes zu erreichen, müssen wir auch eine Silbentrennung vornehmen. Bei der Texterfassung wird der Text automatisch wortweise umgebrochen, solange nicht die automatische Silbentrennung eingeschaltet ist. Einen auf diese Art erfaßten Text muß man nachträglich trennen. Die Silbentrennung befindet sich im Menü „Extras". Sie aktivieren: *Extras* ⇨ *Silbentrennung* und erhalten folgendes Fenster:

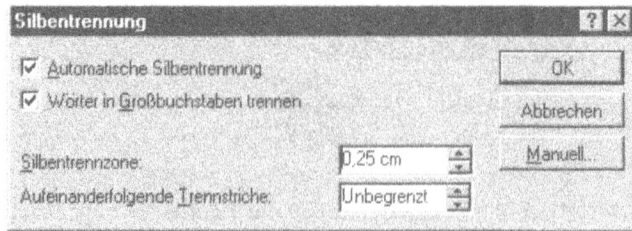

Abb. B.3.7-1: Die Silbentrennung im Menü „Extras"

Die Silbentrennzone im unteren Fensterbereich ist gleichbedeutend mit dem Flatterrand, den man auf der rechten Textseite hat, wenn man links-bündig schreibt. Die unterschiedliche Distanz zwischen Textende und Zei-lenende ist damit gemeint. Man kann hier die Breite des gewünschten Ran-des nach dem Trennen einstellen. Verändert wird die Breite der Silben-trennzone durch Klicken mit der Maus auf die Dreiecke. Der Wert für die Silbentrennzone erhöht oder reduziert sich. Je niedriger der Wert ist, desto kleiner ist der Flatterrand, desto höher das Risiko einer häßlichen Tren-nung. Hier muß man abwägen, was man will.

Darunter wird festgelegt, in wieviel Zeilen untereinander eine Trennung erfolgen darf. Das kann man auf unbegrenzt belassen. Aktivieren Sie zuerst „Manuell". Sie erhalten dann folgendes Fenster.

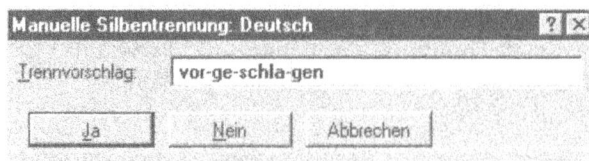

Abb. B.3.7-2: Die manuelle Silbentrennung

Wenn Sie „Manuell" aktiviert haben, wird jede Trennung erst vorgeschla-gen. Sie entscheiden dann, ob hier getrennt werden soll, indem Sie entwe-der „Ja" oder „Nein" anklicken. Sie gehen auf diese Weise Zeile für Zeile durch. Interessanterweise kommen hier auch Trennvorschläge zu Wörtern, die WinWord7 bei der Rechtschreibprüfung nicht kannte. Die Trennvor-schläge von WinWord7 sind fast immer korrekt. Sie sollten deshalb nicht mit der manuellen Silbentrennung arbeiten.

Allerdings achtet WinWord7 nicht darauf, daß zusammengesetzte Hauptwörter nur zwischen den Hauptwörtern getrennt werden sollten. Es wird auch in den Hauptwörtern getrennt.

Sie sollten sich angewöhnen, die „Automatische Silbentrennung" zu aktivieren. Die Trennung erfolgt dann bereits während der Erfassung des Textes. Der Text huscht mitunter ein bißchen hin und her, aber daran kann man sich gewöhnen. Wenn man ein Kapitel gern auf einer Seite beenden möchte, um ein neues Kapitel auf der nächsten Seite zu beginnen, dann sieht man die Textlänge bereits während des Schreibens.

B.3.8 Text ausrichten

Unter „Text ausrichten" ist zu verstehen, ob der Text z.B. links- oder rechtsbündig oder im Blocksatz ausgerichtet sein soll, oder ob einzelne Textteile andere Randbegrenzungen haben sollen als der übrige Text.

Die Ausrichtung des Textes bezieht sich normalerweise auf einen Absatz. Sie wissen, daß Text über das Zeilenende hinweg geschrieben werden soll, und daß man nur Absatzenden mit der Taste <Return> einfügen soll. Es sind dann, bei eingeschalteten nicht druckbaren Zeichen, an den Absatzenden diese Zeichen zu sehen: ¶. Wenn Sie die Ausrichtung verändern, wird das nur in dem Absatz erfolgen, in dem der Cursor steht, also zwischen zwei Absatzendezeichen. Wollen Sie mehrere Absätze ausrichten, so müssen Sie diese markieren. Wollen Sie das ganze Dokument ausrichten, so müssen Sie das ganze Dokument und damit alle Absätze des Dokumentes markieren. Das Markieren des gesamten Dokumentes geht wie folgt: Menü *Bearbeiten* ➪ *Alles markieren* oder mit der Maus durch Drücken der Taste *<Strg>* und *Mausklick links neben dem Text*.

Ihr gesamtes Dokument wird schwarz unterlegt. Das Ausrichten ist eine Formatierung; aus diesem Grund befindet sich die Funktion im Menü „Format". Sie wählen die Menüfolge: *Format* ➪ *Absatz* und erhalten das Fenster von Abb. B.3.8-1.

Sie sehen unten rechts ein Fenster „Ausrichtung". Wenn Sie den Pfeil mit der Maus anklicken, öffnet sich das Fenster (Abb. B.3.8-2).

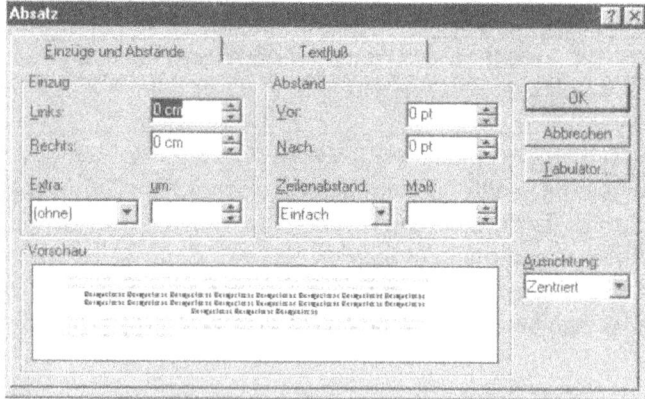

Abb. B.3.8-1: Text ausrichten: „Absatz" im Menü „Format"

In diesem Fenster können Sie die gewünschte Ausrichtung für den markierten Bereich Ihres Dokumentes vornehmen. Sie klicken mit der Maus z.B.
auf „Block", um den Blocksatz anzuwenden und
anschließend „OK". Der Blocksatz ist heute für
Text die Regel.

Abb. B.3.8-2: Ausrichtung

Man kann auch mit der Maus und der Symbolleiste Format ausrichten.
WinWord7 hat dafür folgende Schaltflächen:

Abb. B.3.8-3: Die Ausrichtungsschaltflächen

Von links nach rechts bedeuten sie: linksbündig, zentriert, rechtsbündig
und Blocksatz. Die aktive Schaltfläche ist immer heller hinterlegt als die
anderen.

B.4 Dokument drucken und formatieren

B.4.1 Dokument drucken

Sie haben einen Text erstellt und die Fehler korrigiert. Es gibt zwar noch einige Möglichkeiten, diesen Text zu bearbeiten, trotzdem werden Sie den Wunsch haben, auf Papier zu sehen, was Sie produziert haben.

Es gibt drei Wege, das Drucken zu veranlassen. Wir wollen uns zunächst wieder den Weg über das Menü anschauen. Aktivieren Sie die Menüs *Datei* ⇨ *Drucken* und Sie erhalten folgendes Fenster:

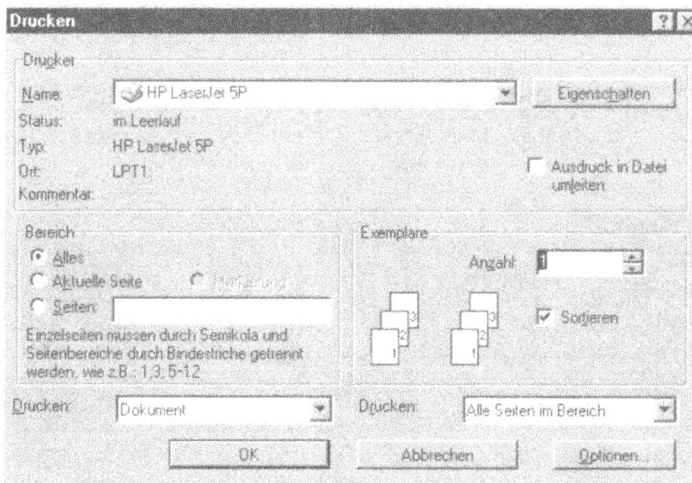

Abb. B.4.1-1: „Drucken" im Menü „Datei"

Hier gibt es wieder viele Möglichkeiten. Es sollen nur die wichtigsten erläutert werden, einige sind durch Öffnen und Anschauen selbsterklärend.

Im Normalfall werden Sie das Dokument drucken. Dies ist unten links bereits eingestellt. Bei „Anzahl" haben Sie die Möglichkeit, mehrere Exemplare einzugeben, falls Sie mehrere Ausdrucke des gleichen Dokumentes benötigen.

Im „Bereich" haben wir wichtige Selektionsmöglichkeiten. Die Standard-
einstellung ist so ausgelegt, daß das ganze Dokument gedruckt wird. Eine
hilfreiche Einstellungsmöglichkeit ist die „Aktuelle Seite". Wenn Ihre Diplomarbeit fertig ist und Sie nur noch beschäftigt sind, zu korrigieren, werden Sie nicht jedesmal das ganze Dokument ausdrucken, sondern immer
nur die letzte geänderte Seite. Klicken Sie mit der Maus auf die Schaltfläche neben „Aktuelle Seite": Der weiße Kreis erhält einen schwarzen Punkt,
d.h. die Auswahl ist aktiviert. Wenn Sie dann die Schaltfläche „OK" anklicken, wird nur die aktuelle Seite gedruckt, die im Moment auf Ihrem
Bildschirm ist.

Das Feld „Seiten" ist unterhalb der Eingabemöglichkeit selbsterklärt.

Sehr wichtig ist das Schaltfeld „Optionen". Ihre 100- seitige Arbeit z.B.
wird von vorne nach hinten gedruckt und von vielen Druckern auch so ab-
gelegt. Oben liegt die Seite 100 und ganz unten die Seite 1. Das ist nicht
optimal. Wenn Sie auf das Schaltfeld *Optionen* klicken, erhalten Sie folgendes Fenster:

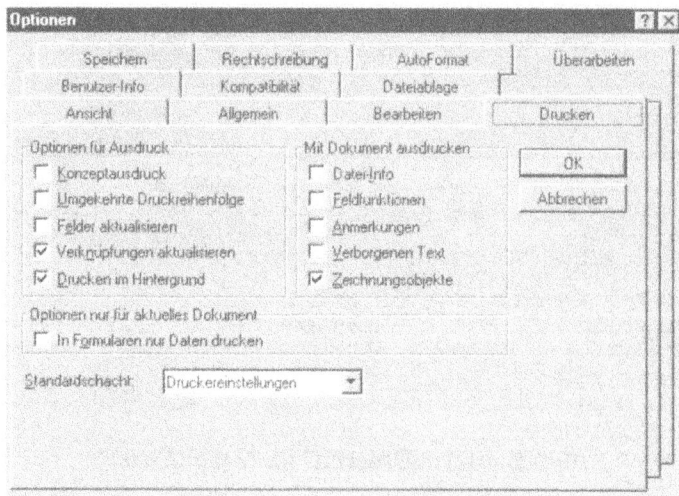

Abb. B.4.1-2: Die Drucker-Optionen

Neben anderen Wahlmöglichkeiten können Sie hier die „Umgekehrte
Druckreihenfolge" bestimmen. Damit wird Ihr Dokument so gedruckt, daß
die Seite 1 oben und die Seite 100 unten liegt falls Ihr Drucker nicht selber
für die richtige Reihenfolge sorgt. Wenn Sie hier OK anklicken, kommen

Sie wieder zurück in das Fenster „Drucken". Wenn Sie nun drucken wollen, klicken Sie hier auch „OK".

Im Druckmenüfenster befindet sich die Schaltfläche „Eigenschaften". Wenn sie diese aktivieren, erhalten Sie ein weiteres Register, in dem Sie verschiedene Einstellungen vornehmen können. Klicken Sie sie einzeln an. Die Funktionen sind selbstredend. Die Druckqualität und auch die Feinheit Ihrer Grafiken verändern Sie z.B. in folgendem Register:

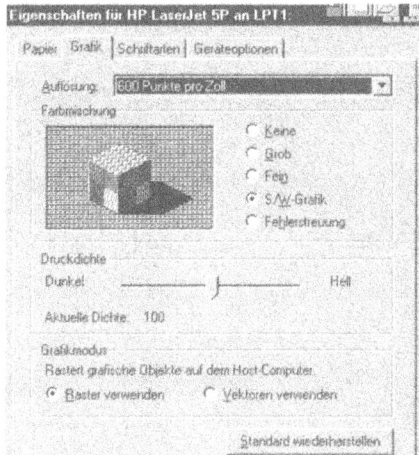

Abb. B.4.1-3: Einstellung der Druckqualität

Diese Register haben unterschiedlichen Inhalt, je nach dem was für ein Drucker oder Druckertreiber installiert ist. Wenn die Farbmischung hier auf „Grob" steht, erhalten Sie sehr stark gerasterte Bilder oder Graphiken.. Das Schieberegister in der Mitte haben Sie bei vielen Druckern. Damit können Sie die Helligkeit des Druckstückes einstellen. Nachdem Sie die Einstellungen vorgenommen haben, gehen Sie schrittweise mit „OK" wieder zurück bis ins Druckfenster und drucken. Auch mit der Maus können Sie den Ausdruck des gesamten Dokuments veranlassen. Dafür klicken Sie auf folgende Schaltfläche:

Abb. B.4.1-4: Die Schaltfläche zum Drucken

B.4.2 Seite einrichten

Wir haben im Teil A dieses Buches bei den Formalitäten erfahren, daß es sehr penible Vorschriften über die äußere Form und damit auch über den Satzspiegel einer Diplomarbeit oder wissenschaftlichen Arbeit generell gibt. Zur Erinnerung: der Satzspiegel soll folgende Ränder aufweisen: links 4 cm, rechts 2 cm und oben und unten jeweils 3 cm. Die Ränder, die Sie vor sich haben, entsprechen der Voreinstellung von WinWord7. Sie wollen sich die Seite in der Gesamtansicht ansehen. Dazu wählen Sie *Datei* ⇨ *Seitenansicht* und erhalten folgendes Fenster:

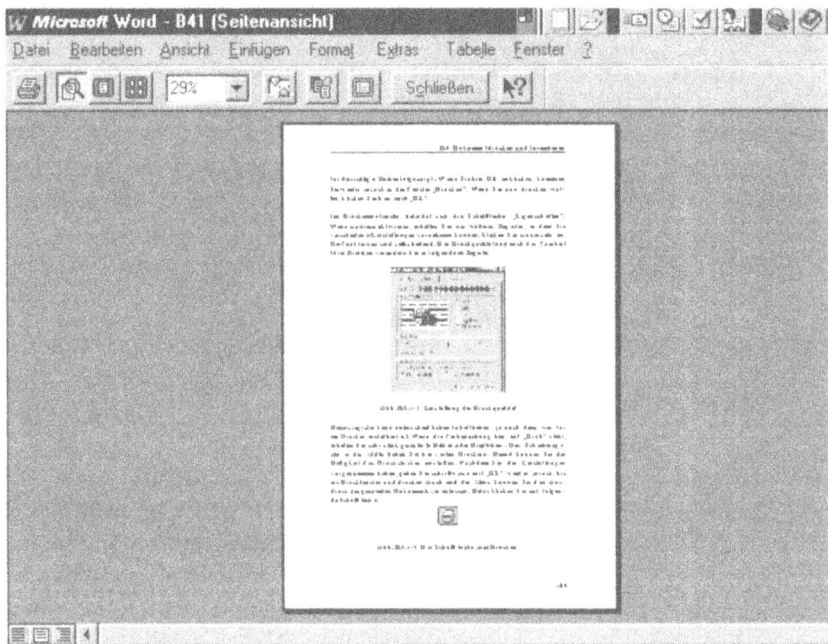

Abb. B.4.2-1: Die Seitenansicht

Diese Seitenansicht zeigt uns, daß der beschriebene Teil des Blattes nicht wie verlangt der Fläche eines DIN A5 - Blattes entspricht. Dies ist die WYSIWYG -Ansicht (What you see is what you get).

In dieser Ansicht kann man den Text auch bearbeiten. Das Symbol für die Zoom-Lupe (die zweite Schaltfläche von links) darf allerdings nicht eingeschaltet sein. Randeinstellungen oder Tabulatoren sind hier ebenfalls veränderbar.

Die Schaltflächen von links nach rechts bedeuten:

Drucken. Falls Sie keine Veränderungen mehr vornehmen wollen, können Sie direkt durch Anklicken dieses Symbols drucken. Dies ist die dritte Möglichkeit, den Druck zu veranlassen.

Zoom-Lupe. Wenn diese Schaltfläche angeklickt ist, wird die Maus zur Lupe auf der Seite. Sie können dann einzelne Abschnitte detailliert betrachten. Wenn diese Schaltfläche nicht aktiviert ist, blinkt ein normaler Cursor auf dem Blatt und Sie können das Dokument bearbeiten. Änderungen dauern in dieser Ansicht länger. Deshalb sollten hier nur unaufwendige Änderungen vorgenommen werden. Man kann hier alle Techniken wie Einfügen, Löschen und Drag and Drop anwenden.

Einzelseitendarstellung. Wenn Sie nur eine Seite betrachten oder bearbeiten wollen.

Mehrere Seiten. Wenn Sie hier anklicken, werden alle Seiten angezeigt (max. 55 Seiten). Das ist deshalb interessant, weil man auch hier mit Drag and Drop Dokumententeile versetzen kann.

Zoom einstellen. Als %-Maßstab dient das gedruckte Blatt mit 100%.

Zeilenlineal. Wenn diese Schaltfläche aktiv ist, erscheint das Zeilenlineal wie in Abb. B.4.2-1. Die Ränder des Satzspiegels können hier verändert werden.

Seitenanpassung. WinWord6 versucht, den Dokumentenumfang zu reduzieren und mit einer Seite weniger darzustellen. Dies dient der Seitenoptimierung, wenn mehrere Seiten vorhanden sind.

Ganzer Bildschirm. Damit wird die Menü- und Statuszeile ausgeblendet und die Seitenansicht vergrößert.

Der Pfeil mit dem Fragezeichen öffnet das Hilfemenü zur Seitenansicht.

Mit „Schließen" verlassen Sie die Seitenansicht und kehren in das Arbeitsblatt zurück. Dort öffnen Sie *Datei*⇨ *Seite einrichten* und erhalten folgendes Fenster:

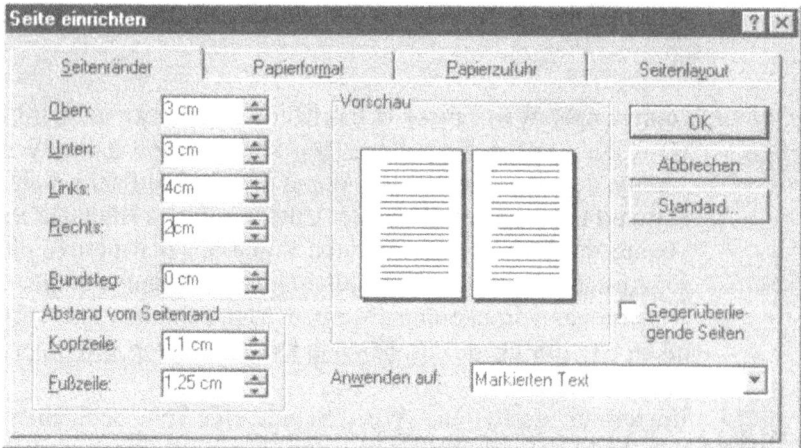

Abb. B.4.2-2: „Seite einrichten" im Menü „Datei"

Falls Sie nicht dasselbe Bild haben, liegt es daran, daß eine andere Registerzunge aktiviert ist. WinWord7 arbeitet in einigen Anwendungen mit der Technik der Registerzungen wie bei Karteikarten. Wir haben hier 4 Registerzungen oben am Fensterrand. Aktivieren Sie *Seitenränder* durch Klikken mit der Maus auf die Registerzunge.

Hier können Sie vorgeschriebene Ränder präzise eingeben. Einen Bundsteg, das ist ein zusätzlicher Heftrand, brauchen Sie nicht. Kopf- und Fußzeilen sollten in einer wissenschaftlichen Arbeit auch nicht enthalten sein. Es sollte lediglich die Seitenzahl oben in der Mitte stehen. Die Vorschau in der Mitte des Fensters zeigt uns, wie eventuelle Veränderungen aussehen werden. Wenn Sie zum Beispiel den linken Rand vergrößern, wird der Rand in der Vorschau breiter. „Gegenüberliegende Seiten" läßt einen größeren Rand mal rechts mal links erscheinen. Die Diplomarbeit wird nur einseitig geschrieben, so daß Sie das nicht brauchen. Mit *OK* beenden Sie die Eingabe. Die neuen Ränder erscheinen im Arbeitsblatt.

Man kann die Seitenränder auch im Zeilenlineal verändern.

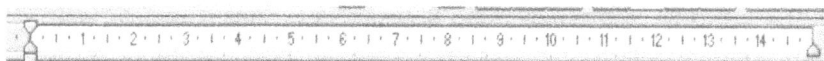

Abb. B.4.2-3: Die Randeinstellung im Zeilenlineal

Wenn Sie mit der Maus die Randbegrenzungen festhalten (fangen Sie mit dem rechten Zeichen an, falls sie es probieren wollen), erscheint eine Linie im Arbeitsblatt, die Sie hin und her ziehen können. Das linke Zeichen ist zweigeteilt. Nimmt man das unterste Element, so verschiebt man beide Elementenhälften parallel. Mit dem oberen Element kann man bei Absatzbeginn einen Zeileneinschub festlegen (wie im nächsten Absatz). Man kann auf diese Weise die Ränder nicht präzise festlegen. Wenn man für einen einzelnen Absatz zur optischen Gestaltung mit Rahmen die Ränder verändern will, dann bietet sich diese Möglichkeit an. Ansonsten sollten Sie über „Datei" und „Seite einrichten" gehen.

In einer wissenschaftlichen Arbeit müssen längere wörtliche Zitate, z.B. aus Gesetzestexten, deutlich zu erkennen sein. Dies kann man durch veränderte Schreibweise, wie kursiver oder kleinerer Schrift, erreichen, oder durch größere Seitenränder, wie in diesem Absatz. Da für diese größeren Seitenränder keine Vorgaben bestehen, kann man sie mit den Symbolen im Zeilenlineal erzeugen.

Wir wollen die anderen Register von „Seite einrichten" auch noch nutzen. Sie wählen *Datei* ⇨ *Seite einrichten*⇨ *Register Seitenlayout* und erhalten folgendes Fenster:

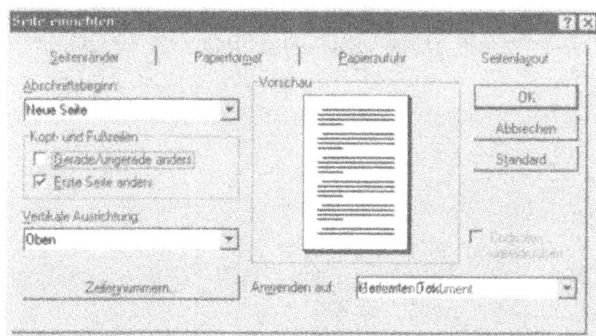

Abb. B.4.2-4: „Seitenlayout" im Menü „Datei"

Bei der Diplomarbeit hat nur „Erste Seite anders" angekreuzt zu sein, damit die Seitennumerierung erst auf der zweiten Seite beginnt. Wichtig ist noch das Papierformat. Sie schalten die Registerzunge auf *„Papierformat"* und erhalten dieses Fenster:

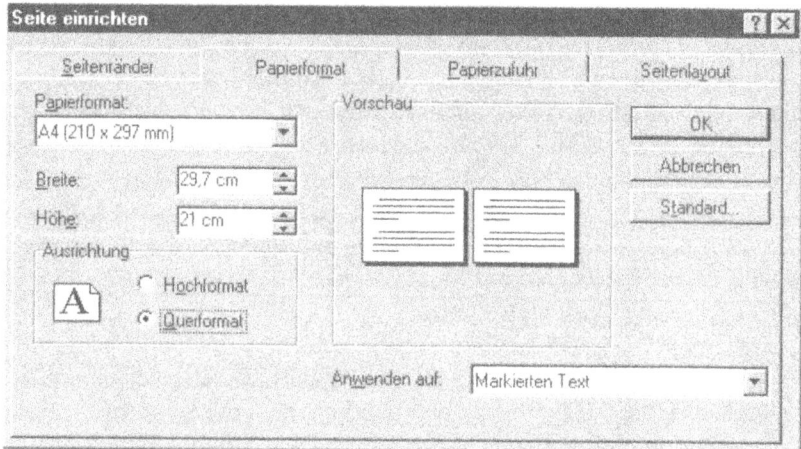

Abb. B.4.2-5: „Papierformat" im Menü „Datei"

Im Fenster „Papierformat" können Sie das Seitenformat auf DIN A4 einstellen, falls es nicht schon eingestellt ist. „Breite" und „Höhe" stellen sich selbst ein.

Wichtig ist die „Ausrichtung". Hier kann man von Hoch- auf Querformat umstellen. Falls sie eine Tabelle oder Graphik einbinden wollen, ist es in cincr wissenschaftlichen Arbeit zulässig, diese im Querformat aufzunehmen.

B.4.3 Absatzformat einstellen

Wie die meisten Formatierungen befindet sich das Formatieren der Absätze im Menü Format. Sie aktivieren *Format* ⇨ *Absatz* und erhalten folgendes Fenster:

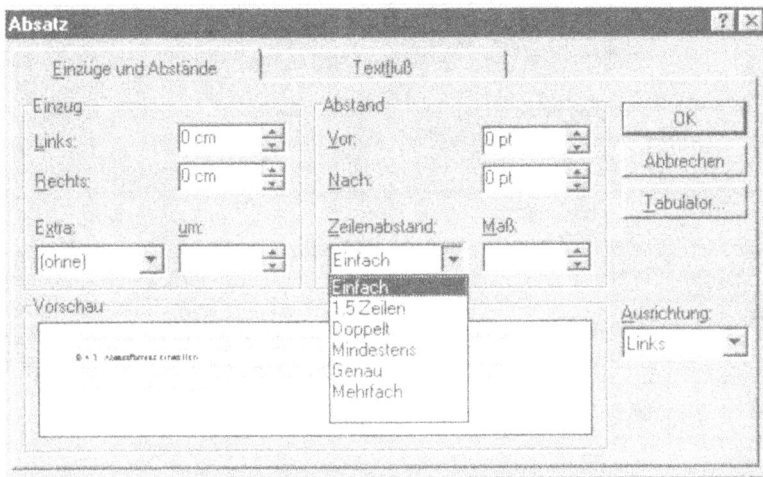

Abb. B.4.3-1: Absatzformatierung im Menü „Format"

Wie oben bereits geschrieben, wird die Absatzformatierung nur für den Absatz vorgenommen, in dem der Cursor steht, oder bei allen markierten Absätzen. *Markieren Sie Ihr gesamtes Dokument*, da die folgende Formatierung für das gesamte Dokument gelten soll. Öffnen Sie das Fenster *Zeilenabstand* und wählen Sie hier *1,5 Zeilen*. Dies ist für Diplomarbeiten vorgeschrieben. Sie könnten hier den linken und rechten Rand auch einstellen, wenn das ganze Dokument markiert ist. Weiterhin könnten Sie einen Abstand vor oder nach dem Absatz festlegen. Die formellen Vorschriften werden aber in der Regel eine Leerzeile verlangen.

Sie können natürlich einzelne Absätze anders formatieren als mit dem nun eingestellten Standard. Das oben bereits erwähnte längere wörtliche Zitat z.B. können Sie mit engeren Seitenrändern oder 1-zeilig schreiben. Setzen Sie den Cursor in den Absatz, öffnen Sie das Fenster von Abb. B.4.3-1, und geben Sie die Veränderungen für den Absatz ein. Die Ränder können Sie auch im Zeilenlineal verändern. Für die Eingabe „1-zeilig" müssen Sie das Menü „Absatz" unter „Format" trotzdem öffnen.

Wenn Sie das Register „*Textfluß*" anklicken, erhalten Sie folgendes Fenster:

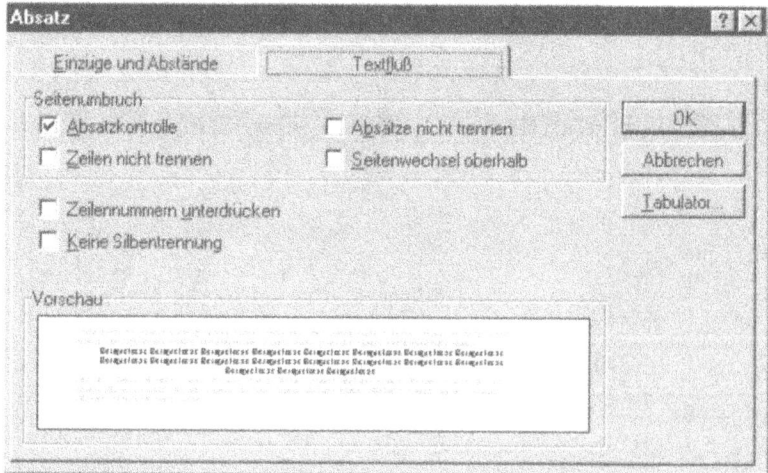

Abb. B.4.3-2: „Textfluß" im Absatz im Menü „Format"

Das Schaltfeld „Absätze nicht trennen" sollte in einer wissenschaftlichen
Arbeit angekreuzt sein. Damit können Sie „Hurenkinder" und „Schuster-
jungen" vermeiden. So bezeichnet man in der Drucktechnik einzelne Zeilen
von Absätzen, die solo auf der folgenden oder vorhergehenden Seite stehen.

Die übrigen Möglichkeiten sind für eine wissenschaftliche Arbeit nicht von
Bedeutung.

B.4.4 Zeichenformat verändern

Sie müssen in Ihrer Diplomarbeit z.B. die Überschrift hervorheben. Die Abbildungsbezeichnungen sind in einer kleineren Schrift zu erstellen. Technische Angaben müssen hoch- oder tiefgestellt werden. Diese Gestaltungen der Schriftzeichen erreicht man durch Formatierung der Zeichen.

Alle Formatierungsmöglichkeiten stehen im Menü „Format".

Sie öffnen *Format* ➪ *Zeichen* und erhalten folgendes Fenster:

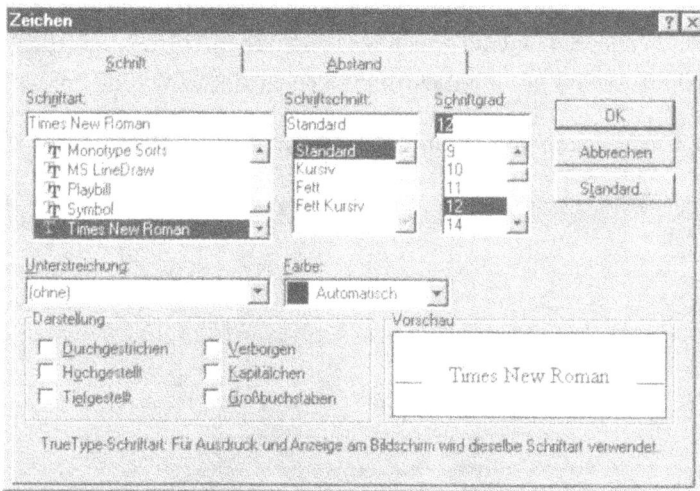

Abb. B.4.4-1: Die Formatierung der Zeichen im Menü „Format"

Hier können Sie die *Schriftart verändern,* die Schriftauszeichnung variieren, wenn Sie Lust haben, auch die Schriftgröße und auch die Farbe der SCHRIFT. Falls Sie m^3 schreiben wollen oder müssen, schreiben Sie einfach m3, markieren dann die 3, öffnen das obige Fenster und kreuzen Sie „Hochgestellt" an. Sie sollten bei solchen Zeichenformatierungsaktionen allerdings immer darauf achten, daß die Markierung nicht bis zur Cursorposition reicht. Sonst bleibt für die restliche Texterfassung die Einstellung (wie z.B. Hochgestellt) eingeschaltet. Für Mathematiker oder Techniker kann auch die Tiefstellung ganz brauchbar sein.

Die Einstellung kann auch zum Standard gemacht werden. Wenn Ihnen die Schriftart, die automatisch gewählt wird, nicht gefällt, oder Sie die Schriftgröße dauerhaft verändern wollen, können Sie die Auswahl, die Sie in diesem Fenster getroffen haben, durch Anklicken der Schaltfläche „Standard" dauerhaft verfügbar machen.

Wenn ein neues Dokument geöffnet wird, wird eine Dokumentenvorlage geöffnet. Diese heißt - sofern man keine andere wählt - NORMAL.DOT. In dieser Dokumentenvorlage sind einige Voreinstellungen wie Schriftart, Schriftgröße und Satzspiegel vorgenommen. Wenn man Zeichenveränderungen durch Anklicken der Schaltfläche „Standard" dauerhaft macht, wird die zugrundeliegende Dokumentenvorlage, in der Regel NORMAL.DOT, geändert. Wenn Sie wieder ein neues Dokument öffnen, werden Sie ein Dokument mit den von Ihnen gewählten Zeicheneinstellungen erhalten.

Nach dem Anklicken von „Standard" kommt eine Warnung:

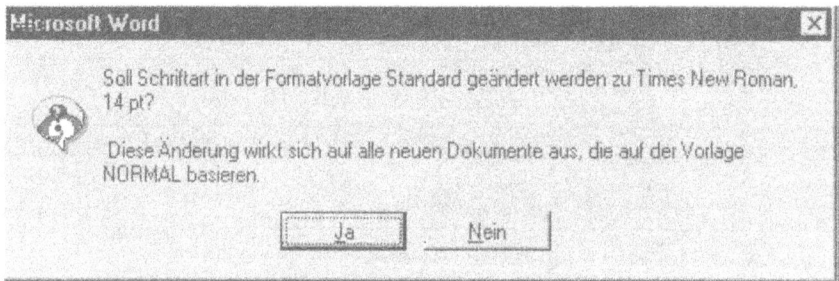

Abb. B.4.4-2: Das Standardisieren der Zeichen im Formatmenü

Eine Diplomarbeit muß in Größe 12 geschrieben sein. Allerdings auch nur mit Schriften, die dann die Normalzeilenhöhe haben. Die Normalzeilenhöhe in Größe 12 beträgt: 4,513 mm. „Arial" zum Beispiel ist in Größe 12 viel zu groß und somit unzulässig.

Ein Teil der Zeichenformatierungen kann auch mit der Symbolleiste Format vorgenommen werden. Es sind die am häufigsten verwendeten Formatierungen, aber nicht alle. Deshalb muß man den Weg über die Menüs „Format" ⇨ „Zeichen" auch kennen.

Für die häufigsten und schnellsten Zeichenformatierungen benutzen Sie folgende Schaltflächen in der Formatierungsleiste:

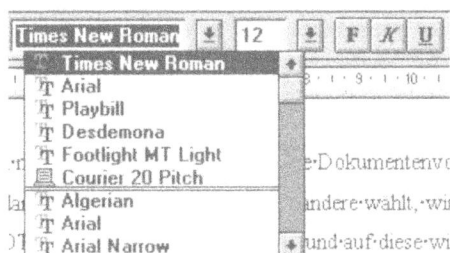

Abb. B.4.4-3: Schaltfelder für die Zeichenformatierung in der
Formatierungsleiste

Wenn man den Pfeil neben dem Schriftartenfenster anklickt, öffnet es sich
und man erhält eine Menüauswahl. Welche Schriften zur Verfügung stehen, hängt von der Programminstallation ab. Fett, kursiv und unterstrichen
wird durch Anklicken der Schaltflächen ein- und wieder ausgeschaltet.

B.4.5 Aufzählungen gestalten

Aufzählungen oder Klassifizierungen sind in wissenschaftlichen Arbeiten
gang und gäbe. Anhand eines Beispiels, das allerdings nicht im Mustertext
enthalten ist, wollen wir die Möglichkeiten ausprobieren.

1. Evolutionäre Veränderungen sind zeitraumabhängige Veränderungen.
Sie ergeben sich langsam durch kleine, dem Kontext angepaßte Schritte.

2. Revolutionäre Veränderungen sind zeitpunktabhängige Veränderungen.
Sie ergeben sich plötzlich durch einen Paradigmawechsel.

Diese zwei Aufzählungspunkte sollen uns reichen. In der Regel werden in
wissenschaftlichen Arbeiten lange und oft auch in sich verschachtelte Klas-
sifikationen vorgenommen. Einen Text wie oben erfassen Sie so:

*Evolutionäre Veränderungen sind zeitraumabhängige Veränderungen. Sie
ergeben sich langsam durch kleine, dem Kontext angepaßte Schritte.*¶
¶
*Revolutionäre Veränderungen sind zeitpunktabhängige Veränderungen. Sie
ergeben sich plötzlich durch einen Paradigmawechsel.*¶

119

Sie markieren den zu gliedernden Text und klicken folgende Schaltfläche an:

Abb. B.4.5-1: Die Gliederungsschaltfläche Nr.1.

Das Ergebnis sieht dann wie oben aus, eingerückt und numeriert.

Wenn Sie die zweite Gliederungsschaltfläche gewählt hätten,

Abb. B.4.5-2: Die Gliederungsschaltfläche Nr.2.

sähe das Ergebnis so aus:

Evolutionäre Veränderungen sind zeitraumabhängige Veränderungen. Sie ergeben sich langsam durch kleine, dem Kontext angepaßte Schritte.

Revolutionäre Veränderungen sind zeitpunktabhängige Veränderungen. Sie ergeben sich plötzlich durch einen Paradigmawechsel.

Mit folgenden anderen Gliederungsschaltflächen rückt man stufenweise ein oder aus, ohne Numerierung oder Kennzeichnung.

Abb. B.4.5-3: Die Gliederungsschaltflächen Nr. 3+4.

Ein Ergebnis könnte aussehen wie das nachfolgende: Stufenweise wird der Text eingerückt und auch der Zeilenumbruch wird auf der neuen Gliederungsstufe vorgenommen. Bei Tabulatorsprüngen ist das nicht der Fall.

Evolutionäre Veränderungen sind zeitraumab-hängige Veränderungen. Sie ergeben sich lang-sam durch kleine, dem Kontext angepaßte Schrit-te.

Revolutionäre Veränderungen sind zeitpunktab-hängige Veränderungen. Sie ergeben sich plötz-lich durch einen Paradigmawechsel.

Die Klassifikation kann auch wieder stufenweise zurückgeholt werden:

Evolutionäre Veränderungen sind zeitraumabhängige Verän-derungen. Sie ergeben sich langsam durch kleine, dem Kontext angepaßte Schritte.

Revolutionäre Veränderungen sind zeitpunktabhängige Ver-änderungen. Sie ergeben sich plötzlich durch einen Paradig-mawechsel.

Diese Möglichkeiten, mit der Maus Aufzählungen zu erzeugen, werden im Normalfall beim Erstellen einer Diplomarbeit ausreichen.

Es gibt weitergehende Möglichkeiten über die Menüs. Auch wenn Ihnen die Mausaufzählungen ausreichen, müssen Sie die Menüanwendung ken-nen, da eine bestehende Aufzählung nur über das Menü rückgängig ge-macht werden kann. Öffnen Sie *Format* ⇨ *Numerierung und Aufzählun-gen.*

Sie erhalten das Fenster aus Abb. B.4.5-4:

Hier können Sie verschiedene Arten der „Numerierung" wählen. Dies ge-schieht einfach durch Anklicken mit der Maus. Vergessen Sie aber nicht, den Text zu markieren, bevor Sie dieses Fenster öffnen.

„Hängender Einzug" bedeutet, daß die Texte auf eine Linie eingerückt werden. Probieren Sie es aus. Die Änderung ist unmittelbar in dem Fenster zu sehen. Wenn Sie eine Gliederung löschen wollen, dann markieren Sie die Gliederung, öffnen dieses Fenster und klicken auf „Entfernen", dann „OK".

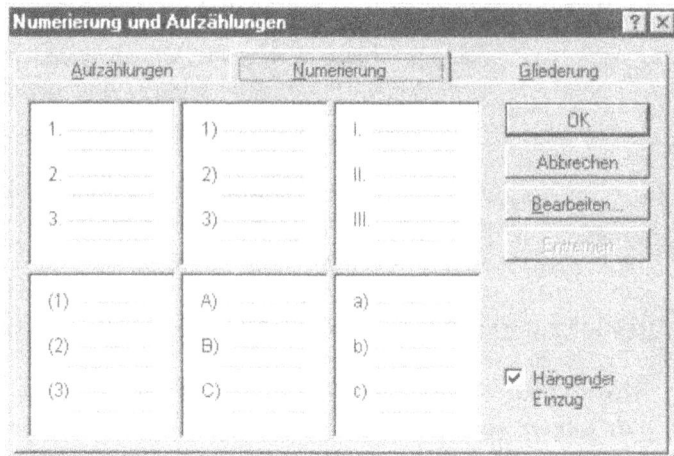

Abb. B.4.5-4: „Numerierung" im Menü „Format"

Sie können die von Ihnen ausgewählte Numerierung auch noch bearbeiten. Klicken Sie auf *Bearbeiten*, und Sie erhalten folgendes Fenster:

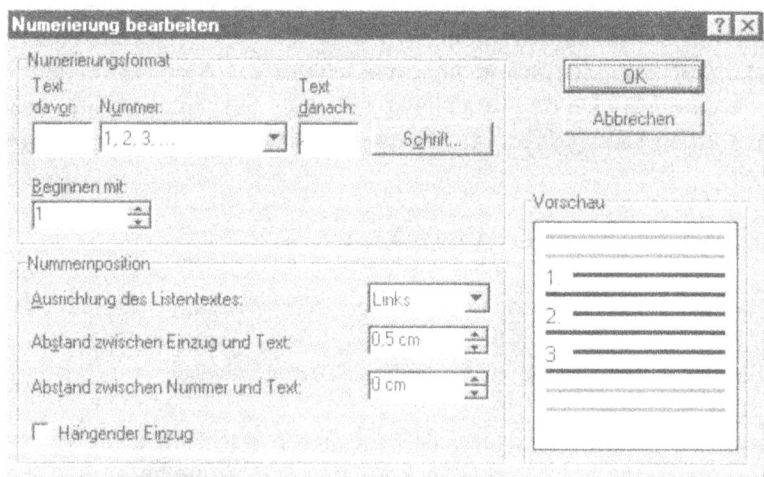

Abb. B.4.5-5: „Bearbeiten der Numerierung" im Menü „Format"

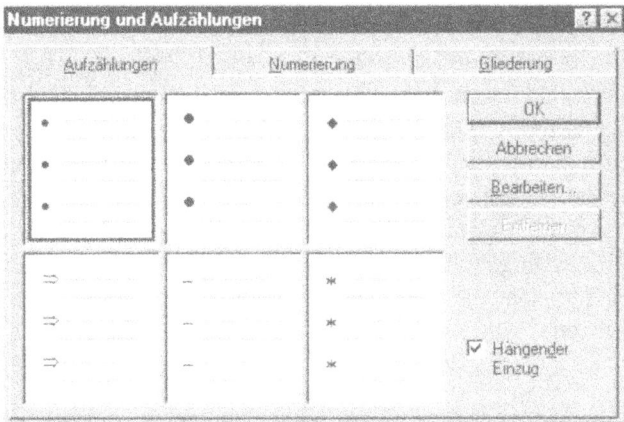

Abb. B.4.5-6: „Aufzählungen" im Menü „Format"

Der Vollständigkeit halber sehen Sie in Abb. B.4.5-6 und B.4.5-7 noch die anderen beiden Registerzungen aus dem Menü „Format", nämlich „Gliederung" und „Aufzählungen".

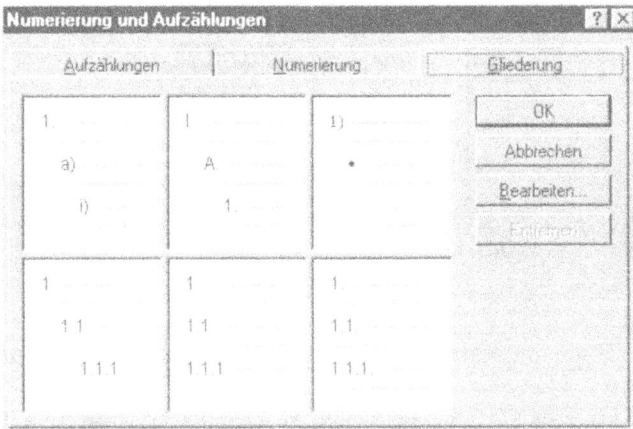

Abb. B.4.5-7: „Gliederung" im Menü „Format"

> Eine bestehende Aufzählung, Numerierung oder Gliederung macht man rückgängig, indem man den entsprechenden Textteil markiert, *Format* ⇨ *Numerierung und Aufzählung* wählt und in einem der drei Fenster die Schaltfläche „Entfernen" anklickt.

B.4.6 Rahmen und Linien einfügen

Optische Hervorhebungen kann man auch mit Rahmen, Linien oder Schattierungen vornehmen. Damit sollten Sie in wissenschaftlichen Arbeiten aber vorsichtig umgehen, weil zu viel Optik wider die wissenschaftliche Nüchternheit ist. Rahmen und Linien sind absatzbezogen. Sie werden wirksam in dem Absatz, in dem der Cursor steht, oder in einem markierten Bereich. Der Gliederungstext von oben soll mit einem Rahmen versehen werden. Dazu öffnet man: *Format* ⇨ *Rahmen und Schattierung* und erhält folgendes Fenster:

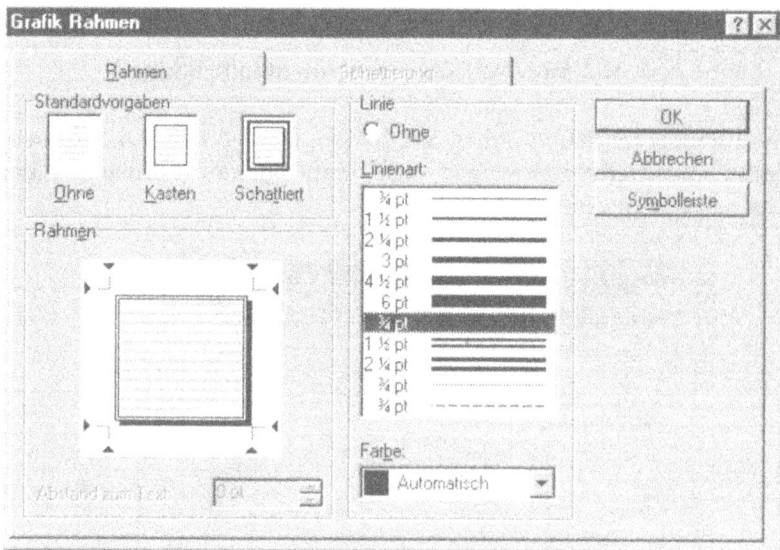

Abb. B.4.6-1: „Rahmen und Schattierung" im Menü „Format"

Oben links können Sie wählen, welchen Rahmen (Kasten oder Schattiert) Sie gekennzeichnet haben möchten. Wollen Sie nur Linien ziehen, dann klicken Sie im Bearbeitungsfeld „Rahmen" die Linienposition an. Damit erzeugt man Linien über dem Absatz, unter dem Absatz oder links und rechts, jeweils neben dem Absatz.

Unter „Linienart" kann man die Strichform und -stärke auswählen. Der Gliederungstext von oben, mit einem schattierten Gesamtrahmen und einer Doppellinie hervorgehoben, sieht dann wie folgt aus:

> 1. Evolutionäre Veränderungen sind zeitraumabhängige Veränderungen. Sie ergeben sich langsam durch kleine, dem Kontext angepaßte Schritte.
>
> 2. Revolutionäre Veränderungen sind zeitpunktabhängige Veränderungen. Sie ergeben sich plötzlich durch einen Paradigmawechsel.

Die Randbegrenzungssymbole im Zeilenlineal sind für diesen Textteil ein wenig nach innen gezogen, damit der Kasten etwas schmäler wird. Dafür ist die Randbegrenzung im Zeilenlineal sehr brauchbar. Vergessen Sie nicht das Markieren, da in dem Text drei Absatzendezeichen stehen und der Rahmen um diese drei Absätze gezogen wird.

Muß man viel mit Rahmen arbeiten, z.B. zum Einrahmen von eigenen Grafiken, dann kann man sich eine zusätzliche Symbolleiste einblenden lassen. Klicken Sie im Fenster Abb. B.4.6-1 auf „Symbolleiste", so erscheint folgende Symbolleiste zusätzlich auf dem Bildschirm:

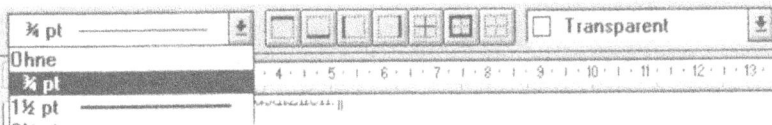

Abb. B.4.6-2: Symbolleiste für „Rahmen"

Die Schaltfläche für die Strichstärke ist geöffnet. Wie kann man diese Symbolleiste wieder entfernen?

WinWord7 hat einige zusätzliche Symbolleisten, die sich im Hauptmenü „Ansicht" „Symbolleisten" befinden. Nehmen Sie hier das Kreuz bei „Rahmen" wieder heraus. Sie können diese Symbolleiste auch mit folgender Schaltfläche aktivieren oder deaktivieren:

In Abb. B.4.6-1 sehen Sie eine zusätzliche Registerzunge für „Schattierung".

Öffnen Sie *Format* ⇨ *Rahmen und Schattierung* und die Registerzunge *Schattierung,* dann erhalten Sie folgendes Fenster:

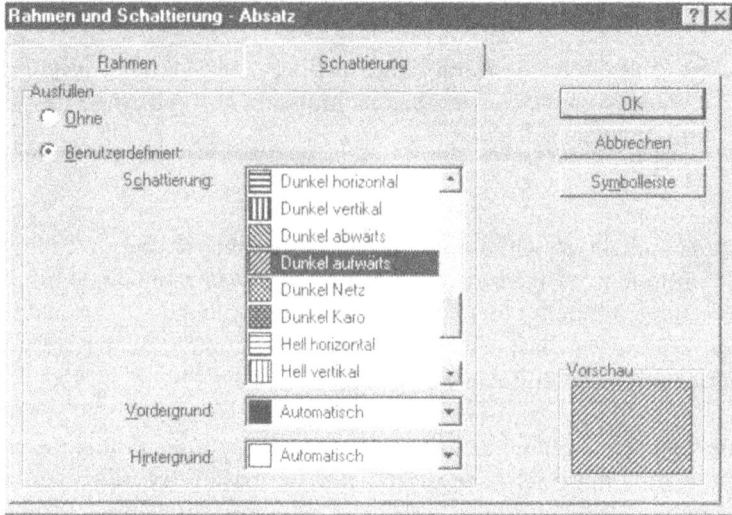

Abb. B.4.6-3: „Schattierung" im Menü „Format"

> 1. Evolutionäre Veränderungen sind zeitraumabhängige Veränderungen. Sie ergeben sich langsam durch kleine, dem Kontext angepaßte Schritte.
>
> 2. Revolutionäre Veränderungen sind zeitpunktabhängige Veränderungen. Sie ergeben sich plötzlich durch einen Paradigmawechsel.

Hier ist unser Beispiel mit einer hellgrauen Schattierung hinterlegt. Halten Sie sich in einer wissenschaftlichen Arbeit mit solchen Schattierungen zurück. Optischen Hervorhebungen wie Rahmen oder Schattierungen können zur besseren Strukturierung eines Textes beitragen, aber nur, wenn sie nicht im Überfluß verwendet werden. Sonst erreicht man eher das Gegenteil. Bei Grafiken kann das Einrahmen zur besseren Abgrenzung vom Text von Vorteil sein.

In Abb. B.4.6-3 ist als Markierung „Dunkel aufwärts" gewählt, damit man in der Vorschau auch etwas erkennen kann.

B.4.7 Tabulatoren setzen

Wenn man Wort- oder Zahlenkolonnen untereinander schreiben muß, dann kann man das mit Tabulatoren im Texteditor tun.

Tabulatoren sind Haltepunkte für den Cursor innerhalb einer Zeile, die man mit der Tabulatortaste anspringen kann.

Handelt es sich jedoch nicht um einfache Kolonnen, die man auflisten will, sondern um Tabellen, die neu erstellt werden müssen, und in denen auch noch gerechnet wird, sollte man das in einem Tabellenkalkulationsprogramm tun. WinWord7 bietet dafür eine einfache Hilfe, die unten noch erläutert wird.

Einfache Kolonnen erstellen Sie wie folgt mit Tabulatoren:

Die schnellste Möglichkeit geht mit der Maus. Führen Sie die *Maus auf irgend eine Stelle im Zeilenlineal und klicken Sie einmal.* Es erscheint das Symbol für einen Tabulator. Wiederholen Sie das vier mal. Das Zeilenlineal sieht dann wie folgt aus:

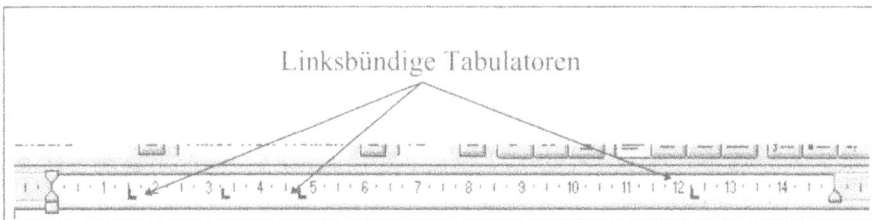

Abb. B.4.7-1: Das Zeilenlineal mit linksbündigen Tabulatoren.

Auf der Schaltfläche links neben dem Zeilenlineal kann man mit der Maus die Tabulatorenart auswählen. Durch Anklicken verändern sich die Symbole." ∟ " bedeutet linksbündig. Danach kommen die Symbole für zentriert, rechtsbündig und dezimal. Neben dieser schnellen Möglichkeit, Tabulatoren mit Mausklick zu erzeugen, gibt es noch weitere, die man über die Menüfolge *Format* ⇨ *Tabulator* erreicht. Das gleiche Fenster, das man über diese Menüfolge erreicht, öffnet sich auch, wenn man *im Zeilenlineal zweimal kurz hintereinander die Maus anklickt.* In beiden Fällen erhält man folgendes Fenster:

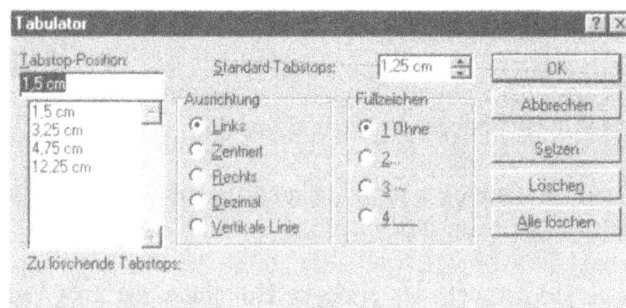

Abb. B.4.7-2: Das Tabulatorenfenster im Menü „Format"

Unter „Tabstop-Position" sind die Tabulatoren aufgelistet, die wir individuell mit der Maus gesetzt haben.

In der Mitte steht die „Ausrichtung". „Links", „Zentriert" oder „Rechts" hat die gleiche Bedeutung wie bei der Textausrichtung. Dezimal bedeutet, daß Zahlen, die an einem solchen Tabstop untereinander geschrieben werden, am Komma ausgerichtet sind, und zwar unabhängig von der Anzahl der Stellen vor oder nach dem Komma. Die Zahlen 12.345,67 und 12,5 sehen auf die 4 Arten ausgerichtet wie folgt aus:

Links	Zentriert	Rechts	Dezimal	Vert.Linie
12.345,67	12.345,67	12.345,67	12.345,67	
12,5	12,5	12,5	12,5	

Mit den „Füllzeichen" kann man eine horizontale Orientierungshilfe geben. Das sieht dann wie folgt aus:

Remissionsgrad 38,7
Weiße 98,5

Die „Standard-Tabstops" sind voreingestellt. Wenn Sie keine Tabulatoren gesetzt haben und Sie drücken die Tabulatortaste, dann springt der Cursor in den Standardsprüngen. Sie können natürlich auch in diesem Fenster neue Tabulatoren setzen, einzeln ausgewählte oder alle Tabulatoren löschen.

B.5 Hilfen benutzen

Wenn Sie bei einer Bearbeitungsmöglichkeit nicht mehr wissen, was zu tun ist, müssen Sie nicht gleich in ein Buch schauen. WinWord7 bietet ein umfangreiches Hilfeangebot. Diese Hilfen sind so vielfältig, daß man fast ein eigenes Buch darüber schreiben könnte. Hier sollen nur die wichtigsten aufgeführt werden.

Mitunter ist zwischen einer Funktion und einer Hilfe nicht klar zu trennen. Die Rechtschreibprüfung, die Silbentrennung genauso wie das „Wiederholen" oder „Rückgängig machen" von Befehlen sind Beispiele dafür. Bei diesen Beispielen wird WinWord7 aktiv tätig, während es bei den folgenden Hilfen passiv tätig wird.

B.5.1 Sprechblasen, Symbolleisten aktivieren

Aktivieren Sie *Ansicht* ⇨ *Symbolleisten,* es öffnet sich folgendes Fenster:

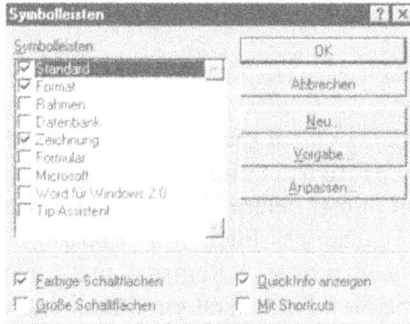

Abb. B.5.1-1: Die Sprechblasen aktivieren im Menü „Ansicht"

Hier haben Sie die Möglichkeit, „*Quickinfo anzeigen*" zu aktivieren. Wenn Sie dann mit der Maus auf eine Schaltfläche fahren und verharren eine kurze Zeit inaktiv, so erscheint eine erläuternde Sprechblase.

Abb. B.5.1-2: Sprechblase zur Schaltfläche

Sie können sich über das Fenster in Abb. B.5.1-1 auch zusätzliche Symbolleisten einblenden lassen. Sie klicken auf das Kästchen neben der Bezeichnung. Das Kästchen erhält ein Kreuz. Nach „OK" ist die gewünschte Symbolleiste auf Ihrem Bildschirm. Wenn Sie die Symbolleiste wieder entfernen wollen, öffnen Sie wieder das Fenster aus Abb. B.5.1-1 und nehmen auf dem gleichen Weg das Kreuz wieder raus.

B.5.2 Hilfemenü nutzen

Das Hilfemenü befindet sich in der Menüleiste unter dem Fragezeichen.

Wenn sie das *Fragezeichen* aktivieren, erhalten Sie dieses Untermenü:

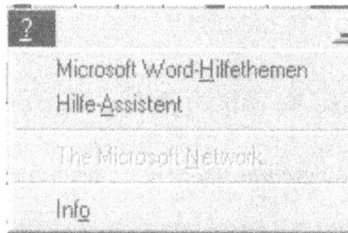

Abb. B.5.2-1: Die Hilfeuntermenüs

Von hier aus kann man sich auf die verschiedensten Weisen mit Informationen versorgen. Die Hilfe ist in einer Baumstruktur aufgebaut. Man kann sich durch Blättern in immer tiefere Verzweigungen begeben. Der Normaleinstieg in diesem Fenster geschieht mit *Mikrosoft Word-Hilfethemen*. Hier befinden sich dann wieder 4 Register, unter anderem dem Register *Index*. Dort haben Sie die Möglichkeit ein Suchliteral einzugeben, oder im unteren Feld zu blättern, bis Sie ihr gewünschtes Thema gefunden haben. Die meisten Hilfefunktionen sind selbsterklärend aufgebaut. Probieren Sie sie am besten alle mal durch. Wollen Sie die Hilfe beenden, müssen Sie entweder das Symbol für das *Dateisystemmenü* zweimal anklicken, die Menüfolge *Datei* ⇨ *Schließen* aktivieren wie bei jeder Datei, oder *Abbrechen* anklicken

B.5.3 Kontextsensitive Hilfen einsetzen

Wenn Sie sich einmal verirrt haben und nicht mehr wissen, was Sie tun müssen, dann drücken Sie die *Funktionstaste F1*. Sie erhalten dann aus dem Hilfemenü genau die Informationen, die Sie zu dem Bearbeitungs- punkt, bei dem Sie sich gerade befinden, benötigen. Darum heißt diese Anwendung „kontextsensitiv". Wenn Sie zum Beispiel *Format* ⇨ *Tabu- latoren* wählen und F1 drücken, wird Ihnen die Erläuterung wie in Abb. B.5.3-1 eingeblendet.

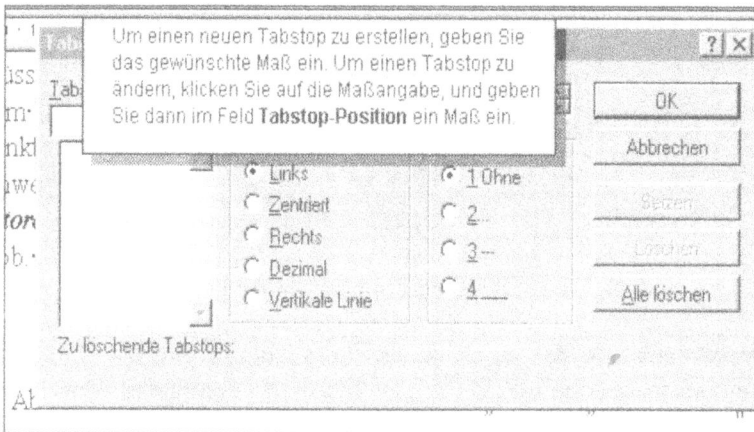

Abb. B.5.3-1: Die Kontextsensitive Hilfe für „Format" „Tabulatoren"
Die nächste Aktion, die Sie vornehmen, schließt dieses fenster automatisch.

Bis zur Version WinWord6 waren in allen Fenstern Schaltflächen für die Hilfe hinterlegt. Diese wurden in WinWord7 jedoch abgeschafft, da die kontextsensitive Hilfe sehr viel besser geworden ist.

> Nutzen Sie die Hilfen von WinWord6. Die Bedeutung der Funktionstaste **F1** als Hilfe-Taste sollten Sie auswendig wissen.

B.5.4 Hilfeschaltflächen und Schutzfunktion nutzen

Manche Schaltflächen ersetzen längere Menüaktionen und sind sehr variabel. Wenn Sie Ihren Text z.B. in der Bildschirmdarstellung verkleinern oder vergrößern wollen, steht Ihnen dafür eine Schaltfläche zur Verfügung.

Klicken Sie auf den Pfeil neben dem Prozentwert in der Symbolleiste Standard. Sie erhalten dann folgendes Fenster:

Abb. B.5.4-1: Die Zoomfunktion in der Symbolleiste

Hier kann man eine der angebotenen Zoomfaktoren mit dem Cursor auswählen oder in das obere Feld den gewünschten Zoomfaktor reinschreiben. Man ist an die Vorgaben nicht gebunden.

Als letzte Hilfe soll noch das Schützen ganzer Dateien gegen absichtliche oder irrtümliche Veränderungen erläutert werden. Wenn Ihr Computer von mehreren Personen benutzt wird, und Sie speichern nur auf Festplatte ohne Sicherungskopie, was man aber eigentlich niemals tun sollte, dann könnte eine dritte Person Ihre Arbeit sehr schnell vernichten. Deshalb sollte man immer eine Sicherungskopie machen. Auch Defekte von Festplatten mit dem Verlust aller Dateien kommen in der Praxis gelegentlich vor. Wenn eine fertige oder fast fertige Diplomarbeit dabei verloren geht, war die Arbeit umsonst.

> Speichern Sie deshalb nicht nur regelmäßig während des Arbeitens auf Festplatte, sondern machen Sie auch regelmäßig Sicherungskopien der neuen oder geänderten Dokumente auf Disketten oder Magnetband (Streamer).

Trotz Sicherungskopien sollten Sie Ihre wertvolle Arbeit nicht in Gefahr bringen und Sie gegen Zugriff Dritter sichern.

Sie öffnen: *Extras* ⇨ *Dokument schützen* und erhalten dieses Fenster:

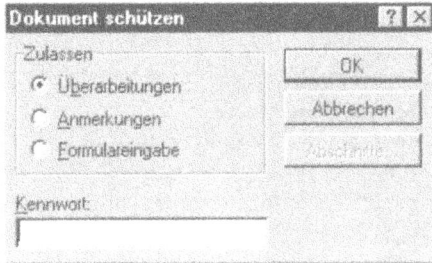

Abb. B.5.4-2: „Dokument schützen" im Menü „Extras"

Sie können noch bestimmte Bearbeitungsfunktionen zulassen. Die nicht zugelassenen Bearbeitungsfunktionen können nicht mehr durchgeführt werden.

Der Dokumentenschutz kann von jedem aufgehoben werden. Das Dokument läßt sich normal öffnen. Der Untermenüpunkt im Hauptmenü „Extras" kehrt sich um und heißt jetzt „Dokumentenschutz aufheben". Wenn verhindert werden soll, daß jeder den Dokumentenschutz aufheben kann, muß im Fenster aus Abb. B.5.4-2 ein Kennwort vergeben werden. Dieses Kennwort wird nach der Eingabe noch einmal geprüft. Der Dokumentenschutz kann dann nur von Personen aufgehoben werden, die Kenntnis von dem Kennwort haben. Dieses wird vor dem Aufheben des Dokumentenschutzes abgefragt.

Sie können Ihr Dokument aber auch gegen unberechtigtes Öffnen durch ein Kennwort schützen, wenn Sie verhindern wollen, daß dritte Personen Ihre Diplomarbeit ansehen können.

Unter *Datei* ⇨ *Speichern unter* befindet sich die Schaltfläche *Optionen.*

Wenn Sie diese aktivieren, erhalten Sie folgendes Fenster:

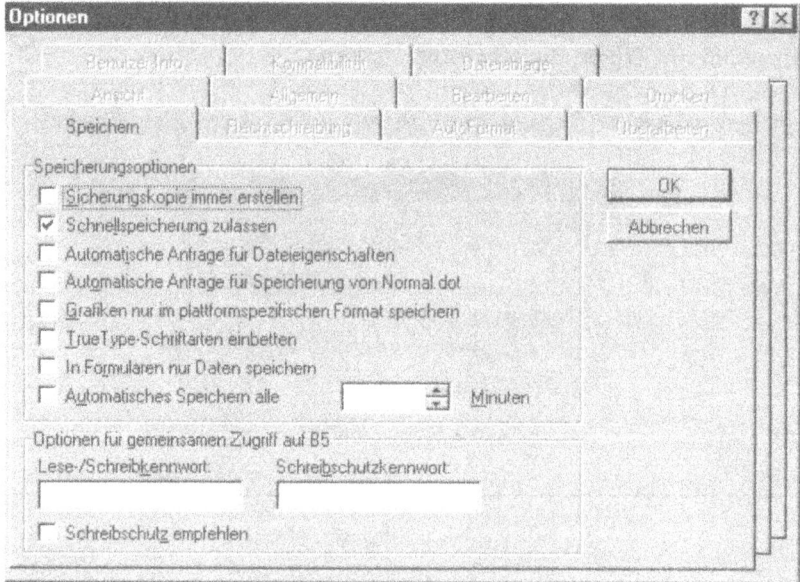

Abb. B.5.4-3 Der Dokumentenschutz unter „Optionen"

Das „Schreibschutz Kennwort" entspricht dem Kennwort in Abb. B.5.4-2.

Mit dem „linken" Kennwort kann man das Dokument gegen das unberechtigte Öffnen schützen. Wenn jemand versucht, das Dokument zu öffnen, wird nach dem Kennwort gefragt. Nur wer das Kennwort kennt, ist in der Lage, das Dokument zu öffnen. Das heißt, wer sein Kennwort vergißt, kann sein eigenes Dokument auch nicht mehr öffnen.

Bei der Eingabe der Kennwörter wird penibel geprüft. Auch die Groß- und Kleinschreibung muß exakt eingehalten werden.

Diese Schutzfunktionen sind sehr hilfreich zur Vermeidung von irrtümlichen Dokumentenverlusten oder -veränderungen durch Dritte. Die Vergabe von Kennwörtern sollte nur erfolgen, wenn es unbedingt nötig ist, da die Gefahr des Vergessens groß ist.

B.6 Textstellen suchen und austauschen

B.6.1 Cursor gezielt positionieren

Wenn man ein langes Dokument bearbeitet, und dies ist bei einer Diplomarbeit immer der Fall, dauert das Blättern im Dokument häufig sehr lange. Wenn dieses Dokument Objekte wie Graphiken, Tabellen oder sonstige Darstellungen aus anderen Anwendungsprogrammen beinhaltet, werden die einzelnen Objekte beim Durchblättern jeweils neu aufgebaut. Das braucht Zeit.

Aus diesem Grund sollte man sich das zeilenweise oder seitenweise Blättern in' größeren Dokumenten erst gar nicht angewöhnen. Neben den oben bereits erwähnten Möglichkeiten, mit Tastenschlüssel an den Dokumentenanfang oder das Dokumentenende zu springen, und der Möglichkeit, mit der Maus in der vertikalen Bildlaufleiste eine bestimmte Seite anzusteuern, bietet WinWord7 im Menü „Bearbeiten" eine Möglichkeit, Dokumentenstellen präzise zu erreichen. Auch wenn Sie mit sogenannten Makros Bearbeitungsfolgen automatisieren wollen, brauchen Sie häufig ein zielgenaues Positionieren des Cursors.

Die Anwendung für das präzise Positionieren des Cursors erreicht man über
Bearbeiten ⇨ *Gehe zu*. Es erscheint folgendes Fenster:

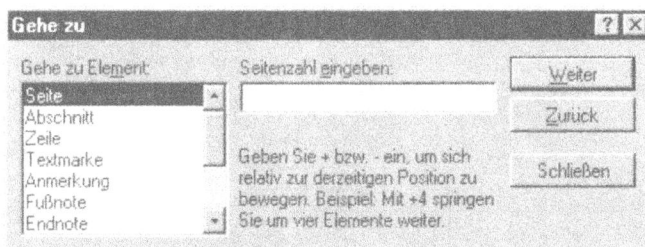

Abb. B.6.1-1: Die Funktion „Gehe zu" im Menü „Bearbeiten"

Blättern Sie die Rubrik „Gehe zu Element" einmal durch und Sie werden sehen, daß die Möglichkeiten vielfältig sind. Sie suchen eine bestimmte Fußnote (funktioniert nur dann optimal, wenn Sie eine fortlaufende Numerierung haben), eine Graphik oder eine bestimmte Seite. Bei großen Dokumenten spart man sehr viel Zeit.

B.6.2 Textstellen suchen

Während „Gehe zu" mit Dokumentenelementen operiert, können Sie mit „Suchen" Inhalte suchen. Sie wählen **Bearbeiten** ⇨ **Suchen** und erhalten dieses Fenster:

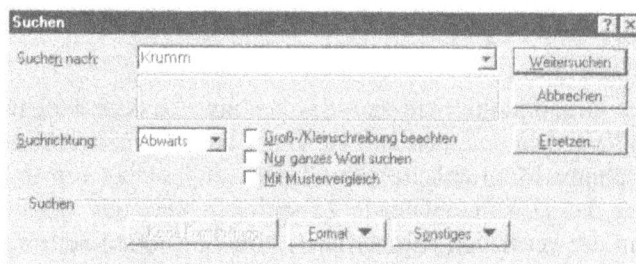

Abb. B.6.2-1: Das Fenster „Suchen" im Menü „Bearbeiten"

Durch die Aktivierung von „Sonstiges" öffnet sich das nachfolgendes Fenster mit wiederum vielen Selektionsmöglichkeiten. Meistens wird man diese Anwendung aber zum individuellen Suchen benutzen.

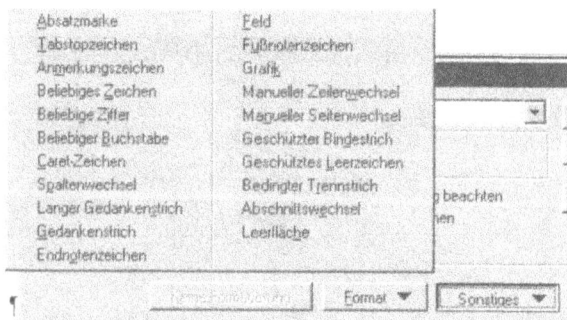

Abb. B.6.2-2: Selektionsmöglichkeiten zum Suchen im Menü „Bearbeiten"

B.6.3 Textstellen ersetzen

Es passiert häufig, daß man Ausdrücke in einer Arbeit verwendet hat, die man nachträglich austauschen muß. Dafür gibt es mehrere Gründe: Sie verwenden zum Beispiel ein Fremdwort nicht richtig. Es macht Sie jemand darauf aufmerksam, und Sie müssen den Ausdruck ersetzen. Oder aber Sie haben in ihrer Arbeit den Ausdruck Power für Macht verwendet, weil Sie es schick fanden, und im letzten Diplomandenseminar vor Ihrer Abgabe erzählt Ihr Prof., daß er vermeidbare Anglizismen haßt wie die Pest. Es kann aber auch ganz profane Gründe haben, nämlich Schreibfehler, die WinWord7 nicht gefunden hat. In einer Diplomarbeit kam ca. 100 mal „Akquisition" vor. Davon war es 80 mal als „Aquisition" geschrieben. Wenn man so einen Fehler findet, und man weiß, daß das Wort oft vorkommt, wählt man: **Bearbeiten** ⇨ *Ersetzen* und erhält folgendes Fenster:

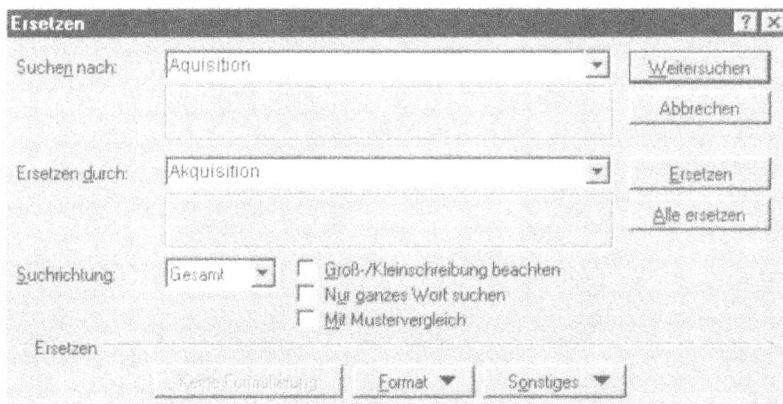

Abb. B.6.3-1: „Ersetzen" im Menü „Bearbeiten"

Hier klicken Sie nach Ihrer Eingabe „Alle ersetzen" und die Literale werden ausgetauscht.

Wollen Sie nur ein Literal ersetzen, dann klicken Sie auf: „Ersetzen". Das Weitersuchen im Text muß man in diesem Fall durch Anklicken von: „Weitersuchen" aktivieren.

Die übrigen Wahlmöglichkeiten in diesem Fenster sind selbsterklärend.

B.7 Text wiederholt nutzen und aufbereiten

Manche Textteile oder ganze Dokumente will man nur geringfügig verändert ein zweites Mal nutzen. Um die Texte nicht neu erfassen zu müssen, wird man sie kopieren und dann die Änderungen vornehmen. Beim Überarbeiten einer Diplomarbeit kann es vorkommen, daß Texte an eine andere Stelle des Dokuments versetzt werden müssen, weil der Betreuer das so verlangt. Auch in diesem Fall wird man den Text nicht neu schreiben, sondern Textteile „ausschneiden" und versetzen. Häufig benutzte, lange und komplizierte Wörter bieten viele Möglichkeiten für Tippfehler. Um diese Tippfehler zu vermeiden, schreibt man sie nur einmal und hinterlegt sie als Textbaustein.

B.7.1 Text kopieren

Das Kopieren eines Textes oder eines ganzen Dokumentes erfolgt über die Zwischenablage. Der Zusammenhang der Programme, die Sie im Moment in Benutzung haben, ist wie folgt:

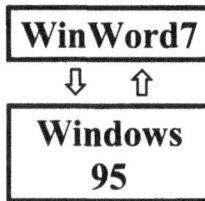

$$\boxed{\textbf{WinWord7}}$$
$$\Downarrow \quad \Uparrow$$
$$\boxed{\begin{array}{c}\textbf{Windows}\\ \textbf{95}\end{array}}$$

Diese Struktur gilt im Prinzip auch in Netzwerken. Auf der untersten Ebene ist das Betriebssystem Windows 95, das die Funktionen des Computers steuert und verwaltet. Windows 95 besitzt eine Benutzeroberfläche, die es dem Benutzer leicht machen soll, seinen Computer zu bedienen. Die Symbole nach dem Start des Rechners werden in Windows erzeugt. Darüber liegt das Anwendungsprogramm, in unserem Fall WinWord7.

Wenn Sie kopieren, wird der zu kopierende Text quasi nach Windows 95 übergeben. Dort befindet sich die „Zwischenablage". Von dort kann man den Text holen und an jede beliebige Stelle eines Dokumentes oder eines anderen Programmes einfügen. (Es muß nicht dasselbe Dokument sein).

Folgende Arbeitsschritte sind beim Kopieren erforderlich:

1. Text markieren
2. Bearbeiten ⇨ Kopieren
3. Cursor an die Stelle, wo eingefügt werden soll
4. Bearbeiten ⇨ Einfügen.

Probieren Sie das mit einer Textstelle im Mustertext aus.

Das Kopieren geht über das Menü „Bearbeiten". Da das Kopieren eine häufig genutzte Anwendung ist, gibt es in der Symbolleiste Standard auch zwei Schaltflächen für diese Arbeitsschritte. Ersetzt werden dabei die Arbeitsschritte zwei und vier von oben. Das Markieren und die Cursorpositionierung müssen vorgenommen werden.

Abb. B.7.1-1: Die Schaltfläche für „Bearbeiten" ⇨ „Kopieren"

Abb. B.7.1-2: Die Schaltfläche für „Bearbeiten" ⇨ „Einfügen"

In Menü „Bearbeiten" finden Sie auch noch „Ausschneiden". Das Ausschneiden funktioniert in der Arbeitsabfolge über das Menü genauso wie das Kopieren. Es wird im Arbeitsschritt 2 von oben lediglich statt „Kopieren" „Ausschneiden" gewählt. Auf diese Weise wird der Text nicht dupliziert, sondern versetzt.

Diese Funktionen kann man auch aus dem sogenannten kontextsensitiven Menü ausführen. Sie *markieren einen Textteil und drücken die rechte Maustaste*. Sie erhalten im Bildschirm das Menü aus Abb. B.7.1-3.

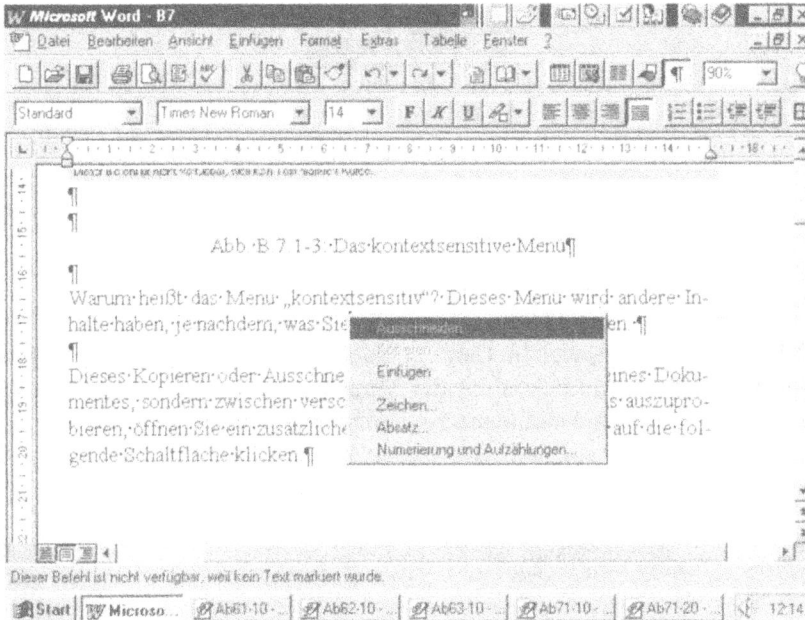

Abb. B.7.1-3: Das kontextsensitive Menü

Warum heißt das Menü „kontextsensitiv"? Dieses Menü wird andere Inhalte haben, je nachdem, was Sie gerade für eine Funktion nutzen.

Dieses Kopieren oder Ausschneiden geht nicht nur innerhalb eines Dokumentes, sondern zwischen verschiedenen Dokumenten. Um das auszuprobieren, öffnen Sie ein zusätzliches neues Dokument, indem Sie auf die folgende Schaltfläche klicken:

Abb. B.7.1-4: Die Schaltfläche für das Öffnen eines neuen Dokumentes

Über die Menüfolge *Datei* ⇨ *Neu* und *Return* erhält man ebenfalls ein neues Dokument.

Es sollen jetzt beide Dokumente gleichzeitig auf dem Bildschirm angezeigt werden. Zunächst schauen wir nach, welche Dokumente geöffnet sind. Dazu öffnen wir das Menü *Fenster:*

```
Fenster   ?
Neues Fenster
  Alle anordnen
  Teilen

√ 1 B5.DOC
  2 Dokument3
```

Abb. B.7.1-5: Das Menü „Fenster" mit der Dokumentenauflistung

Im unteren Teil dieses Menüs sind immer die geöffneten Dateien aufgelistet. Der Haken zeigt, welche Datei gerade im Vordergrund steht und bearbeitet wird. Durch Anklicken mit der Maus kann man diese Selektion verändern und sich von Dokument zu Dokument bewegen. Wenn man die Dateien gleichzeitig auf dem Bildschirm haben möchte, wählt man: *Fenster* ⇨ *Alle anordnen.* Der Bildschirm sieht dann aus wie in Abb. B.7.1-6.

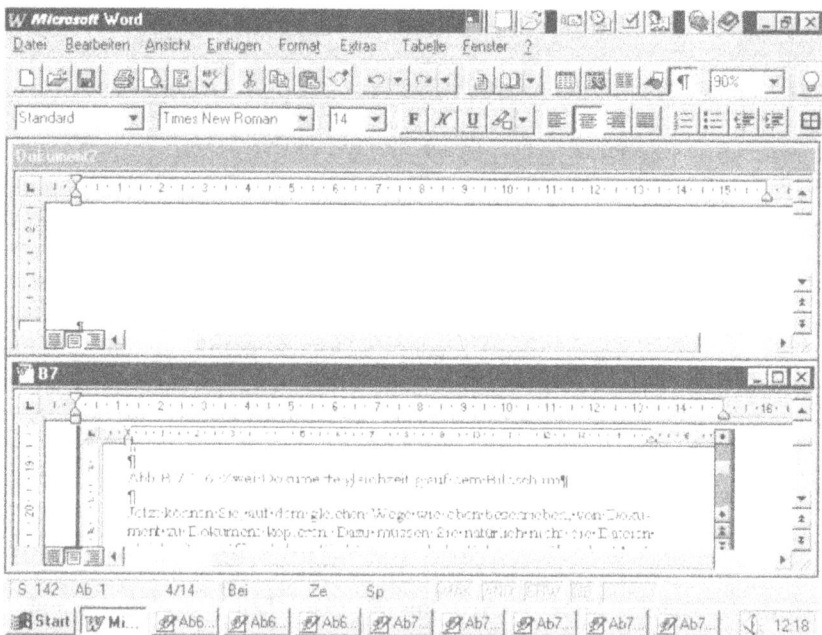

Abb. B.7.1-6: Zwei Dokumente gleichzeitig auf dem Bildschirm

Jetzt können Sie, auf dem gleichen Wege wie oben beschrieben, von Dokument zu Dokument kopieren. Sie können die Dokumente über das Menü „Fenster" wechseln.

Wenn Sie einen Inhalt mit „Bearbeiten" „Kopieren" in die Zwischenablage kopiert haben, bleibt er dort solange erhalten, bis Sie etwas Neues dorthin kopieren. Erst dann wird der Inhalt überschrieben. Der Inhalt der Zwischenablage geht auch verloren, wenn Sie ihren Computer ausschalten. Während ein Inhalt in der Zwischenablage parkt, können Dokumente oder Anwendungsprogramme nach Belieben gewechselt werden, ohne daß das einen Einfluß auf den Inhalt der Zwischenablage hat.

Wie hebt man die Bildschirmteilung wieder auf? Am einfachsten mit der Maus. Sie klicken auf das Dokument, mit dem Sie weiterarbeiten wollen. Der blaue Balken mit dem Namen wird oben sichtbar. Dann klicken Sie in dem Dokument die folgende Schaltfläche für „Vollbild" oben rechts.

Abb. B.7.1-7: Die Schaltfläche für Vollbild im Dokument

Wenn man sich daran stört, daß mehrere Dokumente zur Bearbeitung geöffnet sind, kann man diese einzeln schließen. Man selektiert das zu schließende Dokument über das Menü „Fenster" (Abb. B.7.1-5) und führt folgende Menüpunkte aus: *Datei* ⇨ *Schließen.* Damit wird ein Dokument geschlossen, aber nicht die WinWord-Sitzung beendet. Es kommen danach Sicherheitsabfragen, ob Änderungen im Dokument gespeichert werden sollen. Diese beantwortet man nach Bedarf.

B.7.2 Textbausteine (AutoText) erstellen und nutzen

In WinWord7 wird der Ausdruck AutoText verwendet. Gemeint sind Text-
bausteine. Was bringt diese Anwendung in einer wissenschaftlichen Arbeit? Sie müssen z.B. in Ihrer Arbeit auf jeder Seite dreimal einen Ausdruck wie „Diaminostilbendisulfosäure" schreiben und machen jedesmal 5
Fehler. Das nervt. Sie *schreiben das Literal* (es können beliebig lange
Textteile sein) einmal richtig und *markieren es*. Dann wählen Sie *Bearbeiten* ⇨ *AutoText* und erhalten folgendes Bild:

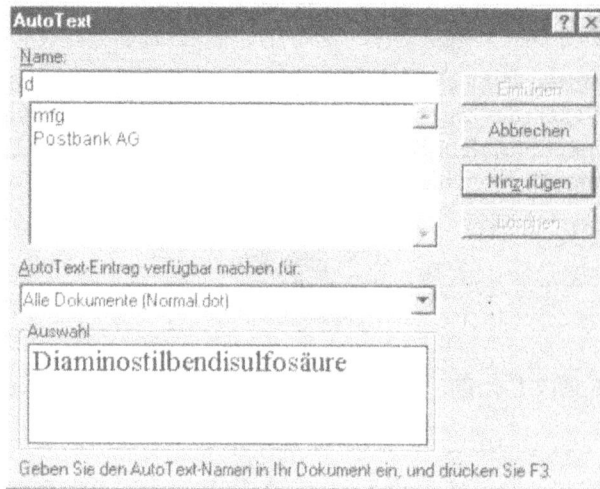

Abb. B.7.2-1: Erstellen von Textbausteinen im Menü „Bearbeiten"

Sie *geben oben einen Namen ein*. Der sollte so kurz wie möglich, aber
auch prägnant sein. „mfg" für „Mit freundlichen Grüßen" wäre ein kurzes
und prägnantes Beispiel. Dann klicken Sie *Hinzufügen*. Diese Kürzel
brauchen Sie jetzt nur noch einzutippen und die Funktionstaste *F3 zu
drücken*. Dann erscheint der AutoText wie von Geisterhand, aber nur,
wenn der Cursor das Kürzel bei Eingabe von F3 noch berührt und kein anderer Text anschließt.

> Da man beim Kürzel auf Groß- und Kleinschreibung achten muß,
> sollte man alle Kürzel einheitlich klein oder groß schreiben.
> Dann brauchen Sie nie darüber nachzudenken, wie Sie ein Kürzel
> geschrieben haben.

B.7.3 Seiten numerieren

Das Fenster für die Seitenzahlen erreicht man über *Einfügen* ⇨ *Seitenzahlen*:

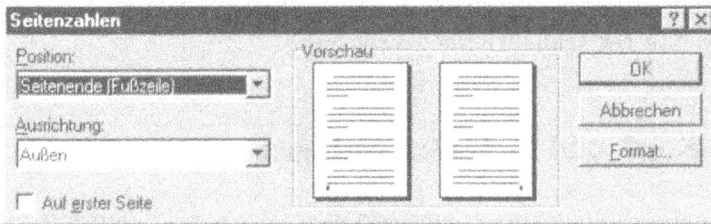

Abb. B.7.3-1: Die „Seitenzahlen" im Menü „Einfügen"

Eine wissenschaftliche Arbeit hat oben in der Mitte die Seitenzahlen aufzuweisen. Besteht bei Ihnen eine andere Vorschrift, so nehmen Sie die entsprechende Einstellung vor. Bei einer Diplomarbeit ist es üblich, daß die Seitennumerierung erst auf der zweiten Seite beginnt. Das ergibt sich automatisch, wenn neben „Auf erster Seite" kein Kreuz eingegeben wird.

Klicken Sie auf die Schaltfläche *Format*. Sie erhalten dann dieses Fenster:

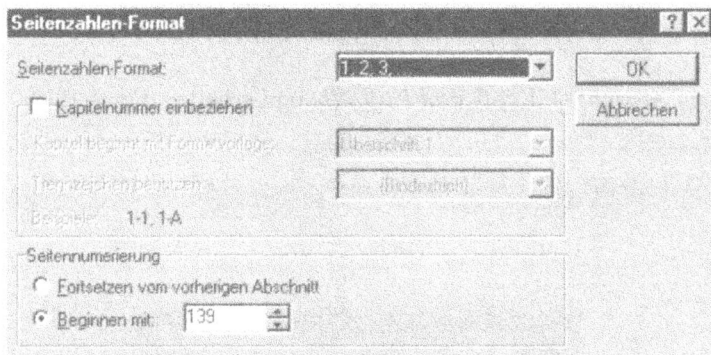

Abb. B.7.3-2: Der Seitenzahlenbeginn im Menü „Einfügen"

Wenn Sie eine Hausarbeit oder ein Referat schreiben, dann können Sie die ganze Arbeit als ein Dokument erstellen. Eine Diplomarbeit wird zu lang sein, um sie als ein Dokument zu konzipieren. Das Arbeiten in einem zu großen Dokument wird sehr langsam. Deshalb sollten Sie Ihre Diplomarbeit in mehrere Dokumente aufteilen.

Damit die Seitennumerierung in diesem Fall fortlaufend ist und nicht in jedem Dokument mit 1 neu beginnt, können Sie hier den Beginn der Numerierung eingeben.

Im obigen Beispiel sind die ersten 138 Seiten der Diplomarbeit in anderen Dokumenten enthalten. Deshalb wurde als Seitenzahlenbeginn die 139 eingegeben. Mit *OK* schließen Sie jeweils ab.

B.7.4 Kopf- und Fußzeilen einfügen

Kopf- und Fußzeilen sind erläuternde oder verzierende Elemente oberhalb oder unterhalb des Satzspiegels. Dieses Buch hat eine Kopfzeile, während die Seitennumerierung unten mit der oben beschriebenen Seitennumerierung vorgenommen wurde.

Im Normalfall hat man in einer wissenschaftlichen Arbeit nicht mit Kopf- und Fußzeilen zu arbeiten. Auf der Seite sollte über dem Text nur die Seitenzahl stehen. Falls es bei Ihnen aber abweichende Vorschriften gibt, oder Sie sich mit diesem Buch vorbereiten, um ein Konzept als Hausarbeit zu erstellen, gehen Sie wie folgt vor:

In der Kopfzeile soll folgender Text zentriert und unterstrichen stehen:
„Konzept von Hans Muster Seite X von Y"

Sie öffnen *Ansicht* ⇨ *Kopf- und Fußzeile* und erhalten dieses Bild:

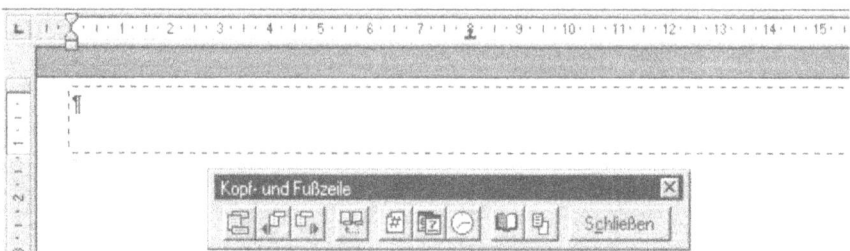

Abb. B.7.4-1: Das Einfügen von Kopf- und Fußzeilen

Falls Sie dieses Bild nicht haben sollten, brechen Sie mit der Taste <ESC> ab und wechseln Sie die Ansicht auf: *Ansicht* ⇨ *Layout*.

Dann wiederholen Sie *Ansicht* ⇨ *Kopf- und Fußzeile*.

Jetzt müßten Sie dasselbe Fenster sehen. Das Fenster, in dem der Cursor blinkt, kann behandelt werden wie eine kleine Seite. Es ist fast alles möglich, was im normalen Text auch geht, wie z.B. Schriftformatierung, Rahmen, Linien einfügen und auch das Einbeziehen von Feldfunktionen, das wir an dieser Stelle üben wollen. Die gewünschte Seitenzahl und die Gesamtseitenzahl sind Variablen, die wir natürlich nicht für jede Seite neu eingeben wollen.

Zunächst schreiben Sie ganz normal wie sonst auch *„Konzept von Hans Muster Seite "*. Danach öffnen Sie die Menüs *Einfügen* ⇨ *Feld*. Feld ist die Abkürzung für Feldfunktion. Sie erhalten dieses Fenster:

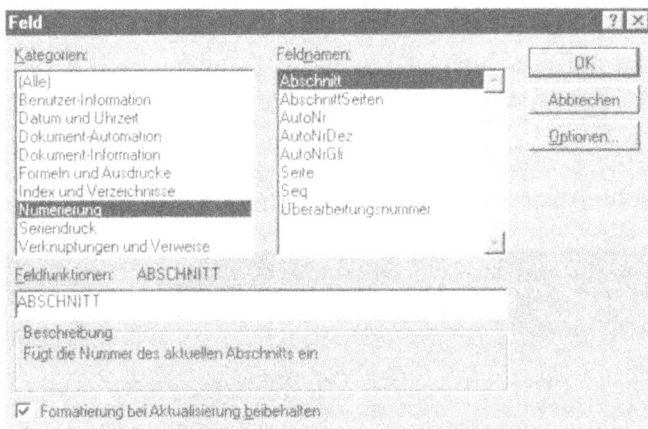

Abb. B.7.4-2: Feldfunktionen im Menü „Einfügen"

Sie selektieren wie in der Abbildung und schließen mit *OK* ab. Die Feldfunktion wird in Ihre Kopfzeile eingefügt. Feldfunktionen sind Variablen im Text, die sich automatisch anpassen. Das Datum in einem Brief wird man z.B. als Feldfunktion einfügen.

Weiter im Beispiel: Sie schreiben danach das Literal *„von"* und wählen erneut *Einfügen* ⇨ *Feld* und selektieren diesmal wie in Abb. B.7.4-3.

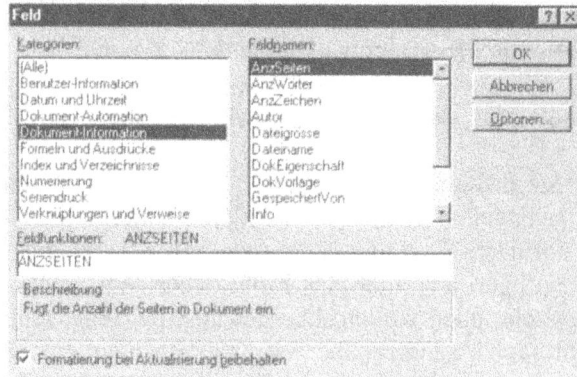

Abb. B.7.4-3 Feldfunktionen im Menü „Einfügen"

Sie wählen nun die Schaltfläche fürs Zentrieren des Textes. Wir wollten den Text unterstreichen. Sie machen das wie gewohnt über *Format* ⇨ *Rahmen und Schattierung,* wählen *Linie unten* und die *Strichstärke.*

Sie beenden mit *OK* und klicken in der Symbolleiste für die Kopfzeile „*schließen*". Damit ist die Erstellung der Kopfzeile beendet.

Nachdem Sie die Kopfzeilenerstellung abgeschlossen haben, wird wieder der Cursor im Arbeitsblatt aktiv, das dann dieses Aussehen hat:

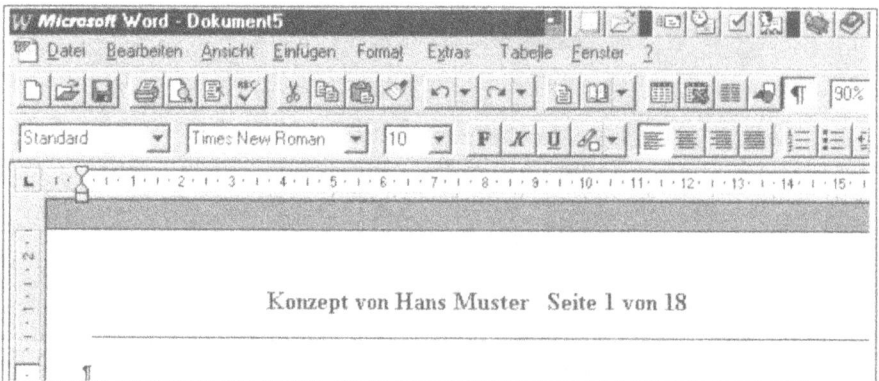

Abb. B.7.4-4 Das Arbeitsblatt mit der fertigen Kopfzeile

Sie können jetzt wie gewohnt am Text weiterarbeiten.

148

B.8 Fußnoten einfügen

Literaturverweise sind in jeder wissenschaftlichen Arbeit enthalten. Mit ihnen wird auf die Quelle verwiesen, die in der Diplomarbeit direkt oder indirekt zitiert wurde. Diese Literaturhinweise werden als Fußnoten am Ende der Seite aufgeführt, wenn man nicht die Harvard-Zitierweise anwendet.

> Fußnoten sollte man erst einfügen, wenn ein abgeschlossener Textteil erstellt wurde.

Es gibt in WinWord zwei Möglichkeiten, eine Fußnote einzufügen:

- die benutzerdefinierte Fußnote,
- die automatische Fußnote.

B.8.1 Benutzerdefinierte Fußnoten einfügen

Auf der folgenden Seite ist der mit Fußnoten versehene Mustertext. Der Text wurde so umformatiert, daß er auf eine Seite paßt. Bei der Fußnotenerstellung ist es angenehmer, in der Normal- statt der Layout-Ansicht zu arbeiten. Öffnen Sie *Ansicht* ⇨ *Normal.* Die Zeilenlineale sind nun verschwunden. Setzen Sie den Cursor an die erste Stelle des Textes, an der Sie eine Fußnote einsetzen wollen. Jetzt wählen Sie *Einfügen* ⇨ *Fußnote* und erhalten folgendes Fenster:

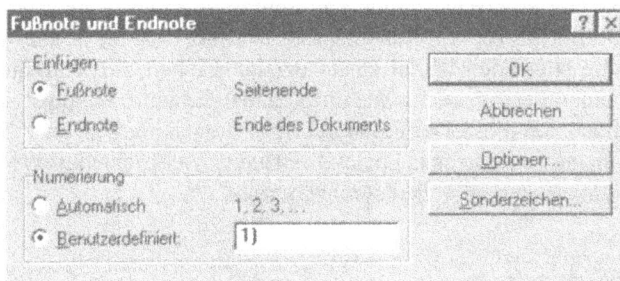

Abb. B.8.1-1: Das Fußnotenfenster im Menü „Einfügen"

Mustertext mit Fußnoten

Der Ausdruck Einflußpotential setzt sich zusammen aus den Wörtern Einfluß und Potential. Potential bedeutet in seiner allgemeinen Form die Summe aller für einen Zweck zur Verfügung stehenden Mittel. Es handelt sich somit um die Summe aller Mittel, die es ermöglichen, Einfluß ausüben zu können. Dies macht es nun noch erforderlich, den Begriff Einfluß zu präzisieren und auf die Mittel-Zweck-Beziehung einzugehen. Im Gegensatz zur eindeutigen und unmißverständlichen allgemeinen Definition von Potential bereitet die Definition von Einfluß Schwierigkeiten. Aufgrund der engen Verwandtschaft der Begriffe Einfluß und Macht läßt sich die einschlägige Literatur nicht eindeutig in eine "Einfluß-" und in eine "Machtliteratur" aufteilen. Diese Begriffe müssen deshalb zunächst gemeinsam betrachtet werden. Bei beiden Begriffen handelt es sich um Erscheinungen, die in der Realität existieren, sich aber nicht direkt beobachten lassen. Eine Umsetzung der theoretischen Begriffe in beobachtbare, meßbare Größen ist erforderlich. Diese Umsetzung kann ideologie- oder vorurteilsbeladen erfolgen. Das hat zu Folge, daß es eine Vielzahl von Begriffsdefinitionen gibt, jedoch keine allgemein akzeptierte.[1] Kirsch führt in der Fußnote 40 allein 57 Literaturquellen zur Begriffsbildung von Macht und Einfluß auf.

Empirische Macht und Einflußforschung, deren Notwendigkeit unbestritten ist,[2] kann sich nicht an Definitionen orientieren, die nicht mit der Absicht geschaffen wurden, meßbare Konzepte zu entwickeln. Einheitliche, klare und präzise Begriffsabgrenzungen, die eine spätere Operationalisierung und damit empirische Überprüfung ermöglichen, sind erforderlich.

Geht man davon aus, daß menschliches Verhalten eine Funktion von Umwelt- und Personenfaktoren ist, die sich gegenseitig beeinflussen,[3] so ergibt sich als Teil dieser Funktion eine Sozialfunktion, die alle Begriffsinhalte von Einfluß und Macht abdeckt.[4] Menschliches Verhalten wird durch Personen beeinflußt. Einfluß ist somit die Determinierung des Verhaltens einer Person durch eine soziale Einheit. Bezieht man die Definition von Potential mit ein, dann kommt man zur folgenden Definition von Einflußpotential: Einflußpotential ist die Summe aller zur Verfügung stehenden Mittel einer sozialen Einheit zur Determinierung des Verhaltens einer Person oder anderen sozialen Einheit. Bezogen auf einzelne Personen findet sich diese Definition auch bei French and Raven. "...influence is kinetic power, just as power is potential influence."[5] Auch Max Weber definiert Macht als Chance, seinen Willen durchzusetzen.[6]

---

[1] Vgl. Dahl, R., (Power) , S. 406, Pohmer, D., Schweitzer, M., (Ökonomischer Entscheidungsprozeß), S. 80, Kirsch, W., (Entscheidungsprozesse III), S. 184ff..
[2] Vgl. Mulder, M., (Machtausgleich), S. 239.
[3] Vgl. Irle, M., (Macht), S. 13.
[4] Vgl. Mitschke-Collande, T. v., (Einfluß), S. 12.
[5] French, H.R.P. Jr., Raven, B., (Social Power), S. 152.
[6] Vgl. Weber, M., (Wirtschaft), S. 38.

Bei einer benutzerdefinierten Fußnote müssen Sie die Eintragungen machen wie in Abb. B.8.1-1. Sie müssen die Schaltflächen anklicken bei: *Fußnote* und *Benutzerdefiniert*. In das weiße Eingabefeld schreiben Sie die Fußnotenmarkierung wie in der Abb. B8.1-1.

Diese benutzerdefinierten Fußnoten müssen Sie erstellen, wenn die Fußnotenmarkierung streng vorgeschrieben ist und diese in der automatischen Numerierung von WinWord7 nicht enthalten ist. Es wird häufig in diesen Vorschriften verlangt, daß die Fußnoten zu numerieren sind und daß hinter der Nummer eine schließende Klammer folgen muß. Dies ist nur mit benutzerdefinierten Fußnoten möglich.

> Versuchen Sie in einem solchen Fall, eine Vereinbarung mit Ihrem Betreuer zu treffen, daß Sie von dieser Vorschrift ohne Nachteile abweichen dürfen.

Dann können Sie alle Vorteile der automatischen Fußnotennumerierung ausnützen.

B.8.2 Fußnoten automatisch erstellen

Nehmen Sie im Fenster „Fußnote und Endnote" die Eintragungen aus Abb. B.8.2-1 vor:

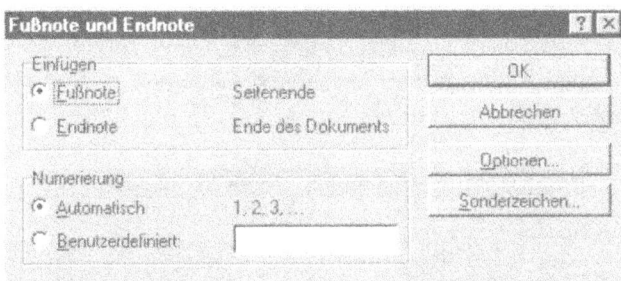

Abb. B.8.2-1: Das Fußnotenfenster im Menü „Einfügen"

Manche Autoren schreiben zu ihren Texten Anmerkungen oder Ergänzungen, die sie dann am Ende Ihrer Bücher auflisten. Dafür ist hier die Möglichkeit „Endnote" vorgesehen. In einer Diplomarbeit oder einer anderen wissenschaftlichen Arbeit ist das nicht üblich.

In diesem Fenster sind zwei Registerzungen, für „Alle Endnoten" und „Alle Fußnoten". Sie aktivieren „Alle Fußnoten".

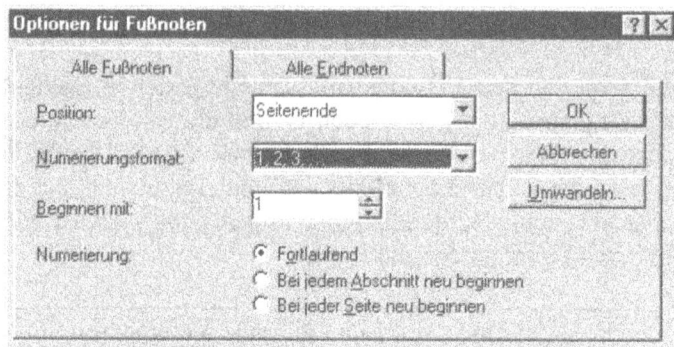

Abb. B.8.2-2: „Optionen" für Fußnoten im Menü „Einfügen"

Bei Position wählen Sie „Seitenende". Nur wenn es zwingend vorgeschrieben ist, wählen Sie Textende. Dann bestimmen Sie das Numerierungsformat. Eine numerische Numerierung ist empfehlenswert. Wenn Sie wollen, können Sie die Fußnoten auch durch die Arbeit durchnumerieren lassen.

Wenn Sie nach jedem Kapitel die Fußnoten auflisten müssen, wählen Sie „bei jedem Abschnitt neu beginnen". Dann müssen Sie ein Kapitelende zum Abschnittsende machen. Ein Abschnitt ist eine logische Einheit des Dokumentes zwischen dem Absatz und dem gesamten Dokument. Veränderungen werden, wenn Abschnitte bestehen, nur auf den Abschnitt angewendet, nicht mehr auf das ganze Dokument. Dazu setzen Sie den Cursor an das Ende eines Kapitels und führen aus: *Einfügen* ⇨ *Manueller Wechsel*. Sie erhalten folgendes Fenster:

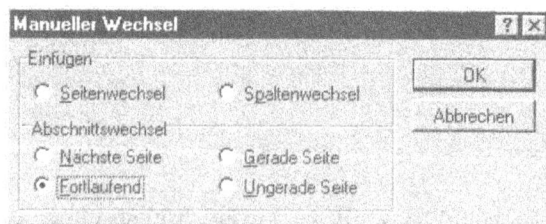

Abb. B.8.2-3: Abschnittswechsel im Menü „Einfügen"

Im Fenster aus Abb. B.8.2-2 kann man auch den Beginn der Fußnotennumerierung festlegen. Wenn Sie Ihre Arbeit in mehrere Dokumente aufgeteilt haben, kann man bei einer fortlaufenden Numerierung hier die Start-
nummer eingeben. Bei einer seitenweisen Numerierung erübrigt sich das.

Wir schließen die Auswahl mit *OK* ab und schließen die Fenster. Der Bildschirm hat dann folgendes Aussehen:

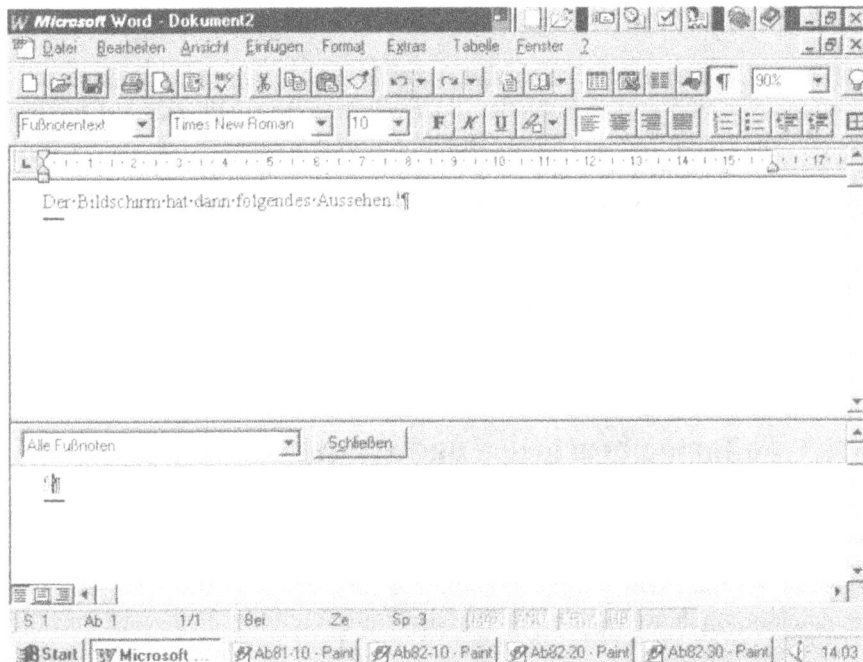

Abb. B.8.2-4: Das Fußnotenfenster in der Ansicht „Normal"

Die Fußnotenerstellung geht auch in der Layout-Ansicht. In der Normalansicht kann man ohne Blättern zwischen dem Text und den Fußnoten wechseln. Das ist übersichtlicher. WinWord7 bietet die Nummer bereits an. Der
Cursor blinkt dahinter. Sie können jetzt Ihre Fußnote erfassen. Machen Sie
hinter der Fußnote keine Leerzeile mit Return, sonst sind Ihre Fußnoten zu
weit auseinandergezogen. Die Fußnoten stehen quasi in einem zweiten Dokument, das Ihnen im unteren Fenster zur Verfügung steht.

Nach der ersten Fußnote gehen Sie in den oberen Teil des Bildschirmes auf
die Stelle, wo Sie ihre nächste Fußnotennummer erfassen wollen und wählen:

153

Einfügen ⇨ *Fußnote* ⇨ *OK*

Die Nummer 2 wird im Text eingefügt und der Cursor springt wieder in das Fußnotenfenster für die Erfassung des Fußnoteninhaltes.

Setzen Sie eine neue Fußnote vor oder zwischen die bereits bestehenden, dann verfahren Sie genauso. Nach oben gehen und dann jedesmal:

Einfügen ⇨ *Fußnote* ⇨ *OK*

WinWord7 ändert die bereits bestehenden Fußnotennummern automatisch. Erstellen Sie sich einige Fußnoten oder alle des Beispieltextes auf beiden Seiten. Markieren Sie das ganze Dokument und wechseln Sie nun in dem Fenster aus Abb. B.8.2-2 auf „Fortlaufend" und/oder „Bei jeder Seite neu beginnen". Mal sind die Fußnoten durchnumeriert, mal beginnen Sie auf jeder Seite neu.

Sind Sie fertig mit der Fußnotenerfassung, so klicken Sie im Fußnotenfenster auf „*Schließen*".

B.8.3 Fußnoten bearbeiten und verwalten

Man kann sich beim Schreiben einer Fußnote genauso verschreiben wie im übrigen Text. Man kann Fußnoten versehentlich an der falschen Stelle plazieren, oder man will Fußnoten endgültig löschen, weil der Text, zu dem sie gehören, auch gelöscht wird. Wie das am schnellsten geht, wird im Folgenden gezeigt.

In der Layout-Ansicht sind die Fußnoten immer sichtbar und können bearbeitet werden. In der Normalansicht muß man das Fußnotenfenster erst öffnen. Das geht am einfachsten, indem Sie mit der Maus zweimal auf eine Fußnote klicken.

Der Wechsel zwischen diesen Ansichten geht mit der Maus am schnellsten. Unten links auf Ihrem Bildschirm befinden sich diese beiden Schaltflächen:

Abb. B.8.3-1: Die Schaltflächen für „Normal"- und „Layout-Ansicht"

Sie gehen mit der Maus auf die Textstelle, an der Sie eine Korrektur vornehmen wollen. Ferner können Sie die Fußnoten formatieren wie jeden anderen Text auch: Sie markieren die Fußnoten und können nun im Menü „Format" z.B. die Schrift, die Größe oder die Ausrichtung verändern.

Sie haben aus Versehen z.B. eine Fußnote an einer Stelle gesetzt, wo sie nicht hingehört. Sie müssen sie versetzen. Sie markieren die Fußnote mit der Maus, gehen mit der Maus erneut auf die markierte Fußnote, klicken an, halten die Maus gedrückt und ziehen die Fußnote an die richtige Stelle. Der Strich hilft Ihnen dabei zur Orientierung. WinWord7 numeriert die Fußnoten neu durch, und auch im Fußnotenfenster erscheint sofort die neue Reihenfolge und Numerierung.

Falls Sie das erste Mal eine längere Arbeit schreiben, sollten Sie den Änderungsaufwand am Schluß der Bearbeitung nicht unterschätzen. Man wiederholt sich z.B.. Da man nicht alles an einem Tag schreibt, merkt man das erst beim Lesen am Schluß. All diese Änderungen führen bei den Fußnoten nicht mehr zu einem Änderungsaufwand. WinWord7 nimmt alle nötigen Veränderungen automatisch vor. Voraussetzung ist, daß Sie mit der automatischen Fußnotennumerierung arbeiten.

Zum Löschen von Fußnoten markieren Sie die Fußnote im Text und drücken die Taste <Entf>. Die Fußnote ist überall verschwunden, und selbstverständlich entsteht die neue Ordnung automatisch.

B.9 Datei-Informationen erstellen, abrufen und verwalten

B.9.1 Der Windows Datei-Manager

Die gängigste Methode zur Dateien-Verwaltung ist, diese mit dem Datei-Manager von Windows95 zu betreiben. Der Datei-Manager in Windows 95 heißt „Explorer". Über das Startfeld von Windows 95 und der Hauptgruppe Programme, finden Sie den Explorer mit folgendem Aussehen:

Abb. B.9.1-1: Das Symbol für den Windows Explorer

Wenn Sie dieses Symbol zweimal anklicken, wird der Explorer gestartet und Sie erhalten folgendes Bild:

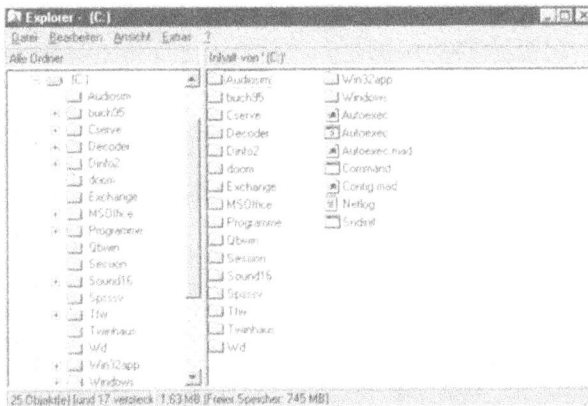

Abb. B.9.1-2: Der Explorer von Windows.

Hier können Sie Dateien umbenennen, versetzen oder auch suchen, falls Sie Ihre Dateien auf dem falschen Pfad gespeichert haben. Sie können Disketten oder Festplatten vorbereiten.

Das Versetzen von Dateien, die man aus Versehen in den falschen Ordner gespeichert hat, oder ganzen Ordnern geht mit dem Explorer kinderleicht. Sie sollten diese Anwendung kennen, da nicht alle ordnenden Funktionen in WinWord7 vorgenommen werden können.

B.9.2 Nutzung des WinWord7 Datei-Managers

Sie haben ein Dokument gespeichert, wissen auch wohin, aber den Namen haben Sie vergessen. Sie müssen das Dokument suchen. Sie wollen z.B. mehrere Dokumente gleichzeitig öffnen. Sie wollen statistische Informationen über Ihre Dokumente abrufen.

Für diese Aufgaben steht Ihnen in WinWord7 ein Datei-Manager zur Verfügung der in das Fenster *Datei* ⇨ *Öffnen* integriert ist. Wenn Sie den Pfeil bei „Suchen in" anklicken erhalten Sie folgendes Fenster:

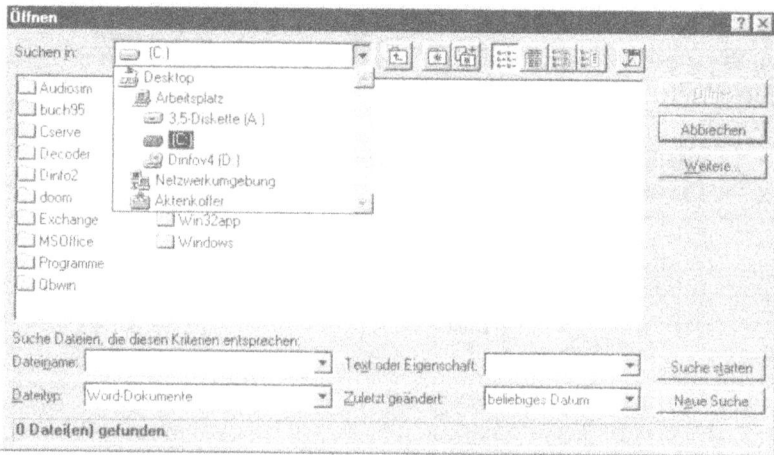

Abb. B.9.2-1: Das Selektionfenster von WinWord7 für die Speicherwahl

Wählen Sie hier z.B. das Laufwerk C, wenn Sie Ihre Diplomarbeit in einem Ordner auf diesem Laufwerk gespeichert haben. Sie erhalten in dem großen Fenster darunter dann eine Auflistung aller Ordner dieses Laufwerkes. Wenn Sie dann mit der Maus auf dem Ordner Diplomarbeit zwei mal anklicken, öffnet sich der Ordner und in dem großen Fenster sind alle Ihre Dokumente oder Unterordner aufgelistet. Durch Doppelklick können Sie einzelne Dokumente oder Unterordner dann öffnen.

Im unteren Teil dieses Fensters können Sie auch Suchangaben machen. Wenn Sie den vollständigen Namen nicht mehr wissen z.B.. Für das Suchen gibt es allerdings noch eine andere Einstellung für das große Anzeigenfenster. Um die Anzeige zu verändern bnutzt man die Schaltflächen oben rechts. Wählen Sie folgende Schaltfläche durch Doppelklick mit der Maus aus:

Abb. B.9.2-2 Die Vorschau im Menü „Datei" „Öffnen"

Sie erhalten dann folgende Darstellung des Fensters „Öffnen":

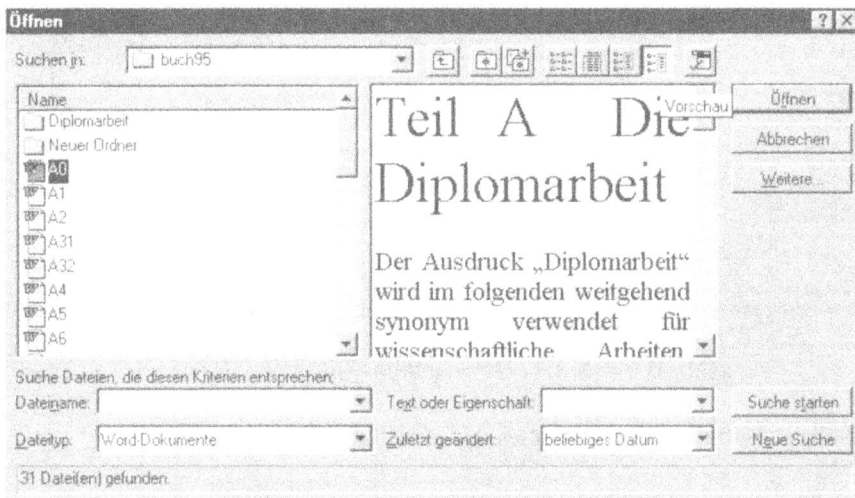

Abb. B.9.2-3: Die „Vorschau" des Datei-Managers

Wenn „Anzeigen" auf „Vorschau" eingestellt ist, wird das Dokument daneben verkleinert angezeigt. Man braucht dann links nur noch zu blättern oder anzuklicken, und rechts ist der Inhalt zu sehen. Man kann die Inhalte der Anzeige im rechten Teil mit dem Wechseln der „Anzeigen" verändern.

Wenn Sie folgende Schaltfläche aktivieren,

Abb. B.9.2-4: Die „Details" im Datei-Manager

erhalten Sie folgendes Fenster:

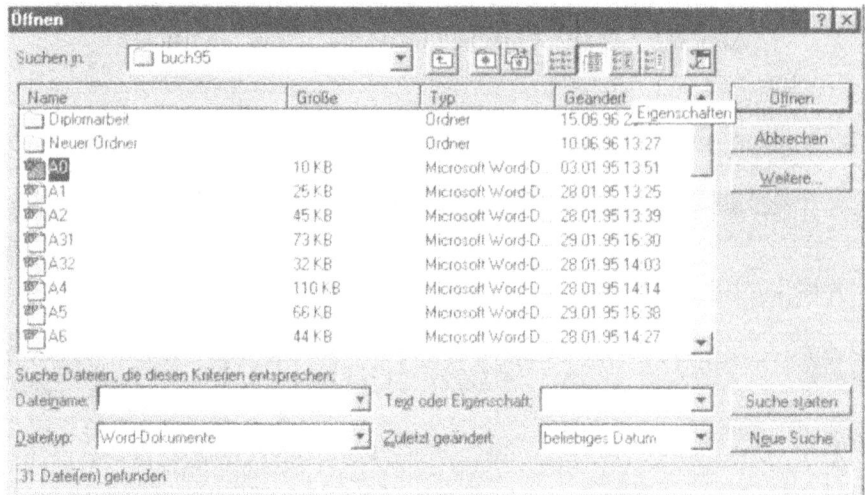

Abb. B.9.2-5: Die Detailanzeige im Datei.Manager

Die Eigenschaften des Dokumentes werden dann angezeigt.

B.9.3 Nutzung der WinWord6 Datei-Info

Wenn Sie folgende Schaltfläche anklicken:

Abb. B.9.3-1 Die Schaltfläche zu Abruf der Datei-Informationen

erhalten Sie folgendes Fenster, mit Datei-Informationen in der rechten
Bildschirmhälfte:

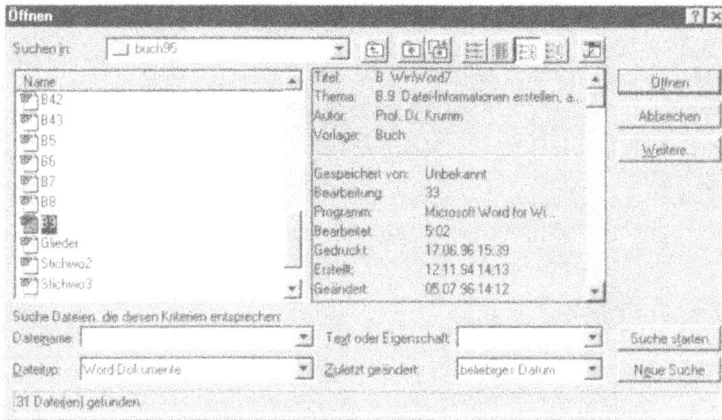

Abb. B.9.3-2 Die Datei-Informationen ansehen

Es werden hier die Datei-Informationen angezeigt, die WinWord7 selbst
angelegt hat. Wollen Sie die Datei-Informationen ändern oder erweitern,
wählen Sie *Datei* ⇨ *Eigenschaften* und in dem Fenster dann die Registerzunge *Datei-Info*. Sie können dann Änderungen in diesem Fenster vornehmen.

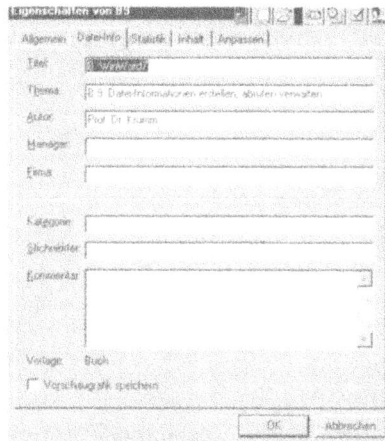

Abb. B.9.3-3 Die Datei-Informationen bearbeiten

B.10 Winword7 individuell gestalten

Weiter oben wurde festgestellt, daß z.B. manche Drucker das Dokument so drucken, daß die letzte Seite oben liegt und die erste Seite unten. Um diese Einstellungen zu ändern, bietet WinWord7 viele Anpassungsmöglichkeiten. In den Symbolleisten sind z.B. Schaltflächen, die Sie nicht brauchen. Wichtige Funktionen, die Sie bräuchten, fehlen. Um häufig wiederkehrende Arbeitsschritte automatisch abrufen zu können, wollen wir ein Makro erstellen. Dieses wollen wir mit einer Schaltfläche in der Symbolleiste aktivieren.

B.10.1 Einstellungen anpassen

Die Veränderungsmöglichkeiten für die Grundeinstellungen finden Sie unter:
Extras ⇨ *Optionen*. Sie erhalten folgendes Fenster:

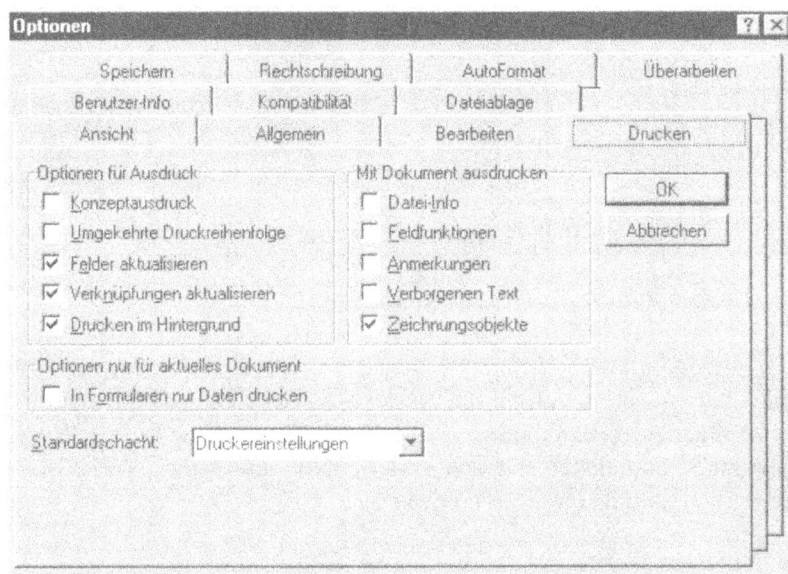

Abb. B.10.1-1: „Drucken" unter „Optionen" im Menü „Extras"

Dieses Fenster haben Sie auf dem Weg „Datei"⇨„Drucken" und „Optionen" auch erreicht und haben die umgekehrte Druckreihenfolge ausprobiert. Neben dem direkten Weg über das Menü „Extras" kann man aus einigen Fenstern hierher verzweigen, meist mit einem Schaltfeld „Optionen".

Sie sehen in Abb. B.10.1-1 zwölf Registerzungen.

Wir wollen uns die Einstellungen für „Allgemein" anschauen. Klicken Sie mit der Maus auf die Registerzunge *Allgemein,* und Sie erhalten folgendes Fenster:

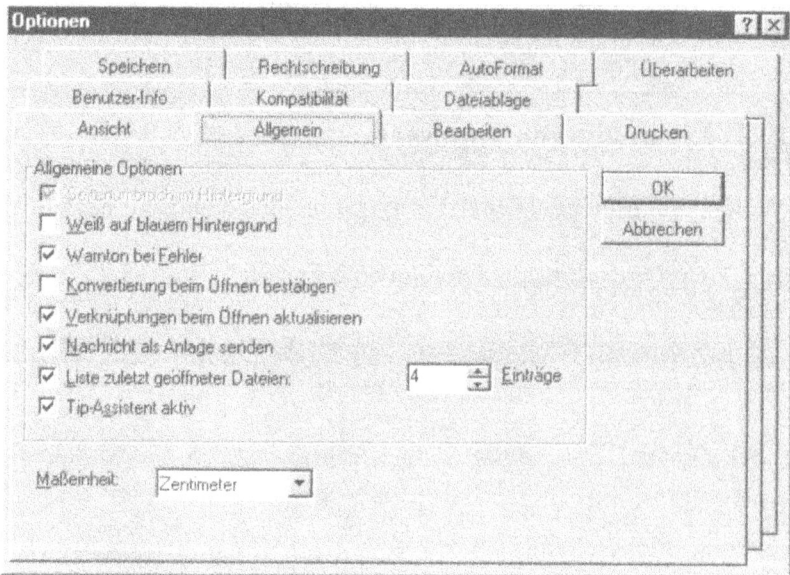

Abb. B.10.1-2: „Allgemeine Optionen" im Menü „Extras"

Bei „Liste der zuletzt geöffneten Dateien" können Sie wählen, wie viele im Menü „Datei" unten aufgelistet werden sollen. Sie werden später verknüpfte Dateien (z.B. Graphiken) einfügen. Wenn diese beim Öffnen des Dokumentes aktualisiert werden sollen, muß man hier „Verknüpfungen beim Öffnen aktualisieren" ankreuzen.

Mit folgendem Fenster können Sie die Bildschirmdarstellung vor Ihnen verändern:

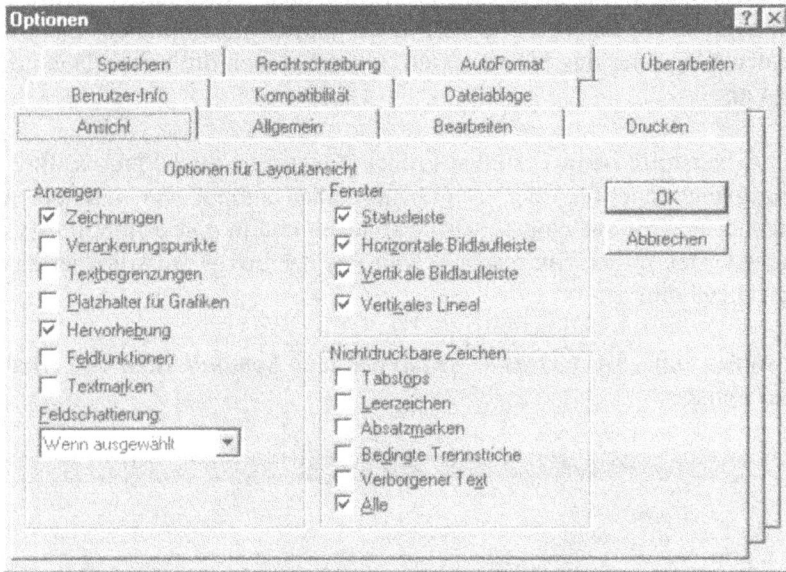

Abb. B.10.1-3: Die Option „Ansicht" im Menü „Extras"

Wenn Ihnen z.B. die Bildlaufleisten nicht gefallen oder Sie nicht damit arbeiten, können Sie sie hier unterdrücken. Die Schreibfläche wird dann größer.

Unter der Registerzunge „Speichern" finden Sie zum Beispiel die Möglichkeit des automatischen Speicherns im Zeittakt. Das bringt einen konzentrierten Schreiber aber aus dem Rhythmus und ist deshalb nicht zu empfehlen. Man sollte sich angewöhnen, zum Beispiel nach jedem geschriebenen Absatz zu spechern. Entweder mit der Maus und der Schaltfläche mit der Diskette, oder dem Short Cut „Strg & S".

In diesem Buch können nicht alle 12 Fenster aufgeführt und erläutert werden. Das ist auch nicht nötig, da die Fenster alle gleich aufgebaut und über die Registerzungen leicht zu erreichen sind. Die gewünschten Einstellungen werden angekreuzt, bei unerwünschten Einstellungen nimmt man das Kreuz heraus.

165

B.10.2 Bedienungselemente verändern

Sie müssen in Ihrer Diplomarbeit eine bestimmte Formatierung wiederholt anwenden, die in der Symbolleiste Format nicht enthalten ist. Dies kann z. B. sein: hochgestellt, tiefgestellt oder doppelt unterstrichen. Damit Sie sich den Weg über das Menü sparen, legen Sie sich die Schaltfläche dafür selber an.

Eine Arbeitshilfe beim Erstellen großer Textstücke sind Makros. Ihre Erstellung mit dem Recorder ist gleichermaßen simpel wie nützlich. Man kann sich Makros auf eine Schaltfläche legen und in eine Symbolleiste einbeziehen. Das sollten Sie machen, weil das der Luxus an Arbeitserleichterung schlechthin ist.

Sie wählen zunächst: *Extras* ⇨ *Anpassen* dann *Symbolleisten* und erhalten dieses Fenster:

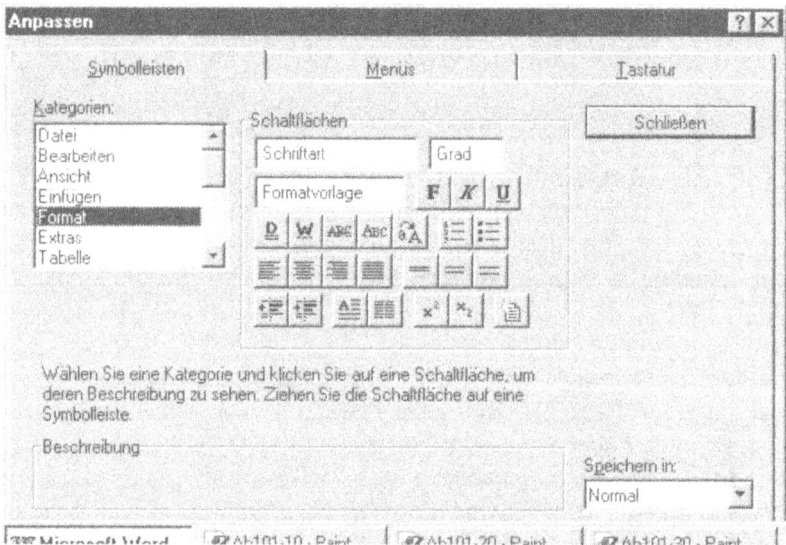

Abb. B.10.2-1: Die Symbolleistenanpassung im Menü „Extras"

Sie haben auch hier drei Registerzungen für jede der drei möglichen Bearbeitungsformen. Unter „Kategorie" können Sie wieder die möglichen Hauptmenüpunkte wählen. Den Befehlen ist eine Schaltfläche zugewiesen. Diese sind teilweise selbsterklärend, teilweise erklärungsbedürftig. Die Erklärung liefert WinWord7 gleich mit. Sie brauchen die Schaltfläche nur anzuklicken, dann steht die Funktion im Feld „Beschreibung".

Auf folgende Weise überträgt man eine Schaltfläche in die bestehende Symbolleiste:

Sie klicken mit der Maus auf die Schaltfläche, halten die Maus fest und ziehen in Richtung Symbolleiste. Dort, wo Sie das Rechteck absetzen, fügt es sich in die Symbolleiste ein. Das Löschen von Schaltflächen, die Sie nicht brauchen, funktioniert auf dem umgekehrten Weg. Unten rechts steht, daß diese Änderung in der Dokumentenvorlage NORMAL.DOT gespeichert wird. Diese Dokumentenvorlage öffnet sich immer, wenn Sie ein neues Dokument öffnen und keine andere Dokumentenvorlage bestimmen.

Mit der Erzeugung von Dokumentenvorlagen sollten Sie sich nicht belasten. Arbeiten Sie am besten immer mit NORMAL.DOT. Wenn Sie Spezifizierungen brauchen wie für die Diplomarbeit (Ränder, Schrift, Seitenzahl und 1,5-zeilig), dann schreiben Sie sich, unterstellt, Sie brauchen es öfter, einen Makro. Den legen Sie sich in die Symbolleiste. Das ist rationeller, als sich mit Dokumentenvorlagen zu befassen.

Unten in der Abb. B.10.2-1 sehen Sie zwei Symbole für Hochstellen und Tieferstellen (x^2 und x_2). Falls Sie diese Formatierung häufiger benötigen, passen Sie sich Ihre Symbolleiste an. In der Abb. B.10.2-2 ist z.B. die Schaltfläche für die doppelte Unterstreichung in die Symbolleiste Format aufgenommen.

Abb. B.10.2-2: Erweiterte Symbolleiste Format

B.11 Makros einsetzen

B.11.1 Makros erstellen und starten

Sie müssen z.B. zum Einfügen eines Sonderzeichens, das Sie in Ihrer Diplomarbeit auf jeder Seite mehrmals benötigen, eine Arbeitsfolge ständig wiederholen. Es kann auch eine ständig wiederholte Formatierung oder das seitenweise Drucken beim Überarbeiten Ihrer Diplomarbeit sein. Diese häufigen Wiederholungen von WinWord7-Bearbeitungsschritten sollte man mit einem Makro automatisieren.

Ein Makro ist eine dauerhaft hinterlegte Folge von WinWord7-Arbeitsschritten, die mit einer Aktion ausgeführt werden. Sie schalten die automatische Aufzeichnung eines Makros (Makrorecorder) an, führen die in WinWord7 benötigten Arbeitsschritte einmal aus und schalten die Aufzeichnung wieder aus. Das, was Sie zwischen dem Anschalten und dem Ausschalten der Makroaufzeichnung machen, wird aufgezeichnet und steht zur jederzeitigen Wiederholung zur Verfügung.

Die Arbeitsabfolge:

1. Makroaufzeichnung (Recorder) anschalten
2. Makro benennen
3. Festlegen, wie der Start erfolgt (z.B. aus Symbolleiste)
4. Schaltfläche zuordnen
5. Arbeitsschritte ausführen
6. Recorder ausschalten.

Wir wollen mit einem Beispiel beginnen: Das Drucken der aktuellen Seite. Wenn Sie korrigieren, und Sie haben eine Seite fertig, können Sie diese Seite ausdrucken. Das ist bei der Korrektur einer längeren Diplomarbeit sehr hilfreich. Der Weg ist: „Datei", „Drucken", „Aktuelle Seite drucken", „OK". Mit der Zeit ist selbst diese kurze Befehlsfolge lästig. Wir zeichnen uns dafür ein Makro auf. Sie führen aus: *Extras* ⇨ *Makro* und erhalten das folgende Fenster:

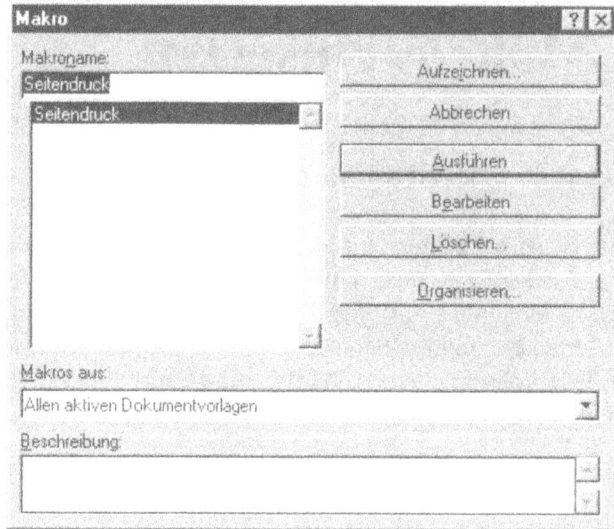

Abb. B.11.1-1: Makro-Aufzeichnung im Menü „Extras"

Hier geben Sie dem Makro einen Namen, z.B. *„Seitendruck",* und klicken *Aufzeichnen.* Danach kommt dieses Fenster:

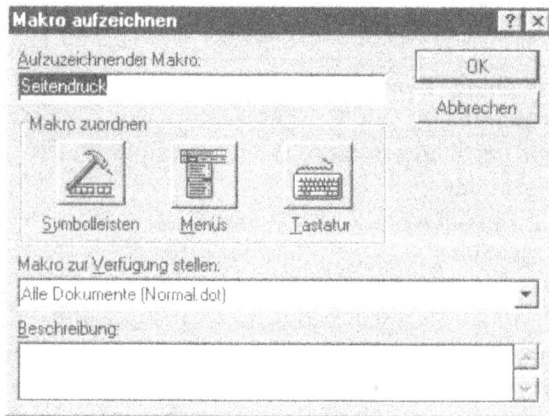

Abb. B.11.1-2: Den Makrostart festlegen

Hier legen Sie fest, wie Sie den Makro starten wollen: mit einer Schaltfläche in einer Symbolleiste, als Befehl in einem Menü oder mit einem Tastenschlüssel.

Sie klicken auf *Symbolleisten* und bekommen dieses Bild:

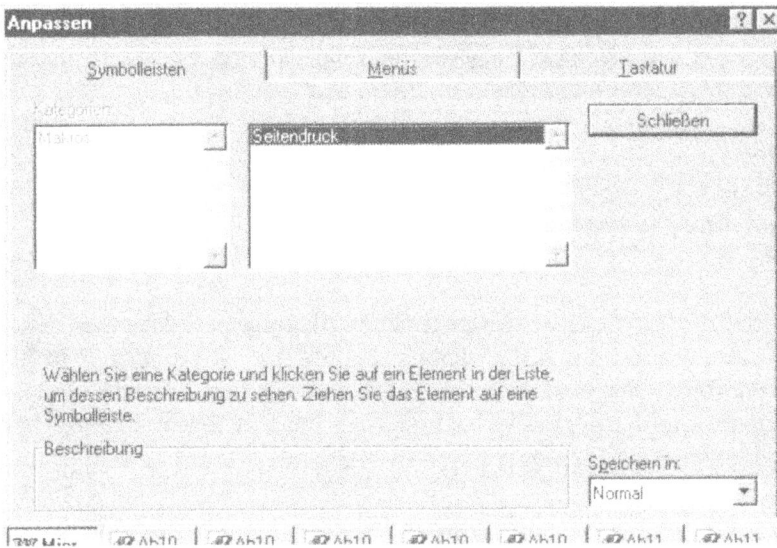

Abb. B.11.1-3: Das Zuordnen des Makros zur Symbolleiste

Sie gehen nun mit der Maus auf den Balken für Seitendruck, klicken an, halten fest und ziehen in eine Symbolleiste auf einen Platz ihrer Wahl.

Beim Verlassen des Balkens bekommen Sie ein kleines Quadrat ohne Inhalt, das Sie in der Symbolleiste hinterlegen. Das nächste Fenster kommt dann automatisch. Sie müssen ein Symbol aus der angebotenen Palette der benutzerdefinierten Schaltflächen wählen.

Sie klicken diese Schaltfläche mit der Maus an und wählen „Zuordnen".

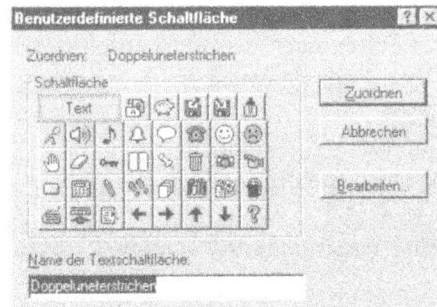

Das *nächste Fenster schließen Sie.* Sie haben oben links zwei zusätzliche Schaltflächen erhalten.

Abb. B.11.1-4: Benutzerdefinierte Schaltflächen

171

Die linke Schaltfläche stoppt die Aufzeichnung des Makros, die rechte unterbricht sie. Das waren bisher alles Vorarbeiten. Jetzt geht erst die Aufzeichnung los. Alles, was Sie von nun an tun, wird aufgezeichnet. Hüten Sie sich vor unbedachten Handlungen. Kein unnötiges Blättern und keine unnötigen Cursorbewegungen. Sie führen aus:

1. Datei
2. Drucken
3. Aktuelle Seite markieren
4. OK

Jetzt klicken Sie die linke der zwei neuen Makroschaltflächen an. Sie verschwinden wieder, die Aufzeichnung des Makros ist beendet. WinWord7 führt die Befehlsfolge aus und druckt die aktuelle Seite. Sie haben nun eine Schaltfläche in der Symbolleiste, hinter der ein von Ihnen erstellter Makro steht. Das könnte so aussehen:

Abb. B.11.1-5: Eine individuelle Schaltfläche zum Start eines Makros

Wenn Sie jetzt beim Korrigieren sind und Sie wollen die aktuelle Seite ausdrucken, genügt ein Klick auf die neue Schaltfläche. Man hat einmal einen Aufwand, der immer geringer wird je geübter man wird.

Schreiben Sie sich auf dem gleichen Wege ein Makro zum Formatieren Ihrer Seiten nach dem Öffnen eines neuen Dokumentes als NORMAL.DOT (Vgl. Praxishinweise in B.14). Dann brauchen Sie keine Dokumentenvorlagen.

Machen Sie die gleichen Vorarbeiten wie folgt:

Makroaufzeichnung starten ⇨*Makro benennen* ⇨ *Start festlegen.*

172

An der Stelle, an der die Aufzeichnung der Befehle beginnt, wählen Sie diese Bearbeitungsfolge:

1. Datei

2. Seite einrichten

3. Auswahl Seitenränder

4. Eingabe der Seitenränder : 3,3,4,2

5. Auswahl Seitenlayout

6. Aktivieren von „Erste Seite anders"

7. OK

8. Format

9. Absatz

10. Auswahl „Einzüge und Abstände"

11. Zeilenabstand auf 1,5 zeilig stellen

12. OK

13. Format

14. Zeichen

15. Größe auf „12" stellen, eventuell Schrift wählen

16. Extras

17. Silbentrennung

18. „Automatische Silbentrennung" wählen und den Flatterrand festlegen

19. OK

Aufzeichnung beenden

Die Festlegungen für die Angabe der Seitenzahlen können Sie nicht in den Makro nehmen, da der Beginn bei einer Aufteilung Ihrer Arbeit in mehrere Dokumente immer anders sein wird. Für ein Referat, also eine einmalige Benutzung, lohnt sich der Makro nicht.
Die gleichen Arbeiten müßten Sie für die Erstellung einer Dokumentenvorlage auch machen. Das ist nicht weniger Arbeit, aber bei weitem nicht so elegant.

B.11.2 Makros bearbeiten

Nach *Extras* ⇨ *Makro* und *Organisieren* erhalten Sie folgendes Fenster:

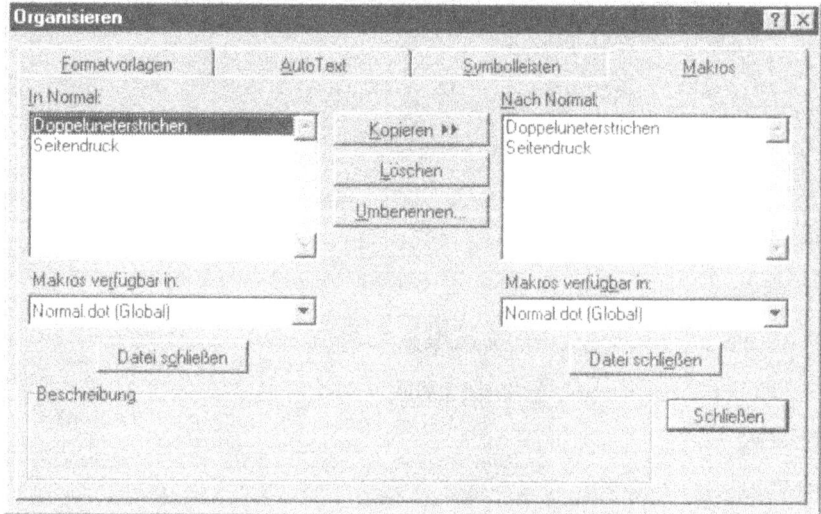

Abb. B.11.2-1: Das Fenster zum Bearbeiten von Makros

In diesem Fenster kann man Makros bearbeiten. Man kann die Inhalte der Makros auch verändern oder Makros, die man nicht benötigt, löschen. Mit „Organisieren" kann man Makros auch in andere Dokumentenvorlagen kopieren oder versetzen.

Wie Sie an den Registerzungen erkennen können, werden hier nicht nur die Makros bearbeitet, sondern auch Formatvorlagen - mit denen Sie sich nicht unbedingt beschäftigen sollten - sowie AutoText und Symbolleisten.

B.12 Dateien aus anderen Programmen einbinden

B.12.1 Allgemeine Erläuterungen

In einer wissenschaftlichen Arbeit wird es nicht nur Text geben, sondern auch Abbildungen, Grafiken, Schaubilder oder ähnliches. Sie kennen den Spruch: „Eine Grafik ist besser als 10 Reden". Illustrationen sollen den Text auflockern und visuell erklären. Eine Diplomarbeit sollte aber kein Bilderbuch oder Fotoalbum sein. Nur notwendige Beiträge sollten eingebracht werden.

Hier wird, was die technische Machbarkeit betrifft, von Studenten sehr oft übertrieben. Während bis ca. 1985 Studenten die Grafiken noch mit Lineal und Rapidograph von Hand gezeichnet haben, wollen die Studenten von heute ihre Abbildungen alle möglichst vollautomatisch, farbig und dreidimensional in das Dokument einbringen. Für diejenigen, die sich ab jetzt überfordert fühlen, hier ein Merksatz:

> **Liebe Studenten aller Ausbildungsrichtungen:**
> **Es ist nicht verboten, eine Abbildung in eine Diplomarbeit**
> **einzukleben und sie dann zu kopieren.**

Das gilt gleichermaßen für eine Abbildung aus einem Buch, die Sie herauskopieren, eine Abbildung, die Sie mit einem anderen Programm als WinWord7 erstellt und ausgedruckt haben, oder auch eine selbst erstellte Zeichnung. Wenn Sie einkleben, dann geben Sie nur Kopien ab, damit nicht die Optik eines übervollen Fotoalbums entsteht.

Konzentrieren Sie Ihre persönlichen Ressourcen auf die inhaltliche Qualität Ihrer Diplomarbeit. Vergeuden Sie diese und die knappe Zeit nicht zum Erlernen nicht zwingend erforderlicher Techniken.

Es gibt in WinWord7 zweimal zwei Unterscheidungen, die Sie kennen
müssen, um den technischen Weg des Einbindens von WinWord7 - frem-
den Dateien zu verstehen.

Die erste Unterscheidung gliedert danach, ob Sie

> 1. ein Element **kopieren** wollen und es damit zum
>   Dokumenteninhalt machen oder

> 2. ein Element mit dem Dokument **verknüpfen** wollen.

Im Fall 1 haben Sie nur eine Datei, im Fall 2 haben Sie zwei Dateien, die
zum Darstellen des Dokumenteninhalts erforderlich sind.

Zwei Abbildungen sollen diesen Unterschied verdeutlichen:

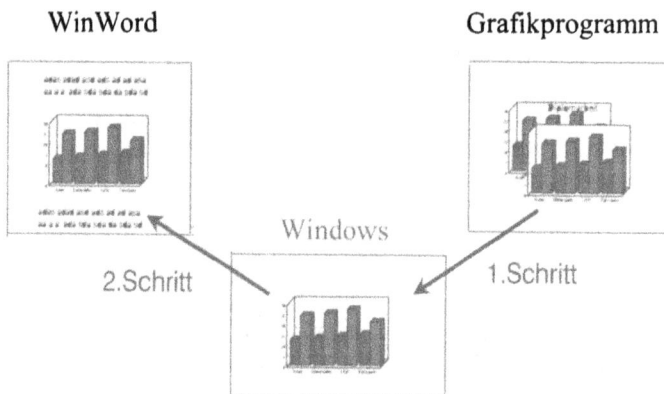

Abb. B.12.1-1: Das Einfügen einer Grafik durch Kopieren

Wie beim Kopieren von Textteilen oder ganzen Dokumenten geschieht das
Kopieren der Grafik über die Zwischenablage von Windows. Im Beispiel
wird eine Kopie der Grafik erstellt und in die Zwischenablage kopiert. Von
dort wird die Kopie in das WinWord7 - Dokument kopiert. Die Grafik wird
fester Bestandteil des Dokumentes.

WinWord   Grafikprogramm

Abb. B.12.1-2: Das Verknüpfen einer Grafik mit einem Dokument

Beim Verknüpfen wird eine Info (eine Feldfunktion mit den Informationen über die Grafik) in dem Dokument an der Stelle hinterlegt, an der die Grafik eingefügt werden soll. Mit dieser Info wird vom Dokument aus auf die Grafikdatei zugegriffen. Die Grafik wird im Dokument auf Wunsch gezeigt oder ausgedruckt.

Die Grafik selbst wird nicht Teil des Dokumentes. Zur vollständigen Darstellung müssen deshalb sowohl die WinWord7-Textdatei als auch die Grafikdatei beim Öffnen des Dokumentes zur Verfügung stehen.

Die zweite Unterscheidung geht dahin, ob Sie

a. über Windows und die **Zwischenablage** gehen oder

b. auf die andere Datei **direkt zugreifen** wollen.

In Fall 1 ist a und b möglich, dito in 2. Wir haben somit 4 mögliche Varianten.

Eines muß man aber unbedingt noch wissen: verschiedene Programme, auch wenn Sie nur die Gruppe der Windows-Programme betrachten, stellen ihre Dateien mit unterschiedlichen Formatierungszeichen (Darstellungszeichen auf Rechnerebene) dar. Selbst innerhalb einer Programmgeneration ist das so. Die meisten Programme sind nur „aufwärtskompatibel". Das heißt, eine Datei, die zum Beispiel in Excel 5 erstellt wurde, kann zwar in einer höheren Excel-Version eingelesen werden, aber nicht mehr in Excel 4. Mit jeder neueren Version sind neue zusätzliche Formatierungszeichen dazugekommen, die die älteren Versionen nicht kennen. Was innerhalb der Programme zutrifft, gilt erst recht programmübergreifend.

WinWord7 verfügt über eine Reihe von Filtern. Diese dienen dem Übersetzen oder Konvertieren der unterschiedlichen Formatierungszeichen. Gibt es keinen Filter, so wird die Datei beim direkten Zugriff (Weg b) nicht eingebunden. Beim Kopieren über Windows werden nur die Elemente sichtbar, zu denen es in WinWord7 auch die gleichen Formatierungszeichen gibt. Es können Darstellungselemente verloren gehen.

B.12.2 Einfügen, verknüpfen über die Zwischenablage

Fast alle Programme gibt es als „Windows-Versionen". Das Einfügen über die Zwischenablage geht nur mit solchen Programmen. Man erkennt sie an dem Zusatz „für Windows", wie z.B. „Lotus123 für Windows" oder „SPSS für Windows".

Sie haben z.B. eine technische Konstruktion in AutoCad erstellt, ein Organigramm in Harvard Graphics, einen Programmablaufplan in Power Point, ein Foto aus einem Buch gescannt oder sonstwie ein „WinWord7-fremdes Element" erzeugt, das in Ihren Text integriert werden soll. Sie wollen nicht ausdrucken und kleben, sondern den direkten Weg wählen. Das soll an einem Harvard Graphics-Programmablaufplan und einem Paintbrush-Bild beispielhaft gezeigt werden.

Das Kopieren eines Elementes von Programm zu Programm funktioniert genauso wie das Kopieren innerhalb eines Dokumentes oder das Kopieren von Dokument zu Dokument. In dem Programm, in dem Sie sich gerade befinden, existiert die gespeicherte Datei.

Sie *markieren die Datei*, öffnen ⇨ *Bearbeiten* und ⇨ *Kopieren*.

Das ist in allen Windows-Programmen dasselbe. Die Datei steht jetzt in der Zwischenablage von Windows und kann von dort geholt werden. Sie wechseln von Ihrem Programm wieder in WinWord7, setzen den Cursor an die Stelle, an der Sie dieses Element haben möchten, und wählen: *Bearbeiten* ⇨ *Einfügen*. Dieser Untermenüpunkt wird nur aktivierbar sein, wenn etwas in der Zwischenablage steht. Das Element wird in den Text eingefügt und kann in der Größe und in den Proportionen noch verändert werden. Man muß es in WinWord7 durch Anklicken markieren. Dann sind acht Markierungspunkte sichtbar (Vgl. Abb. B.12.2-2).

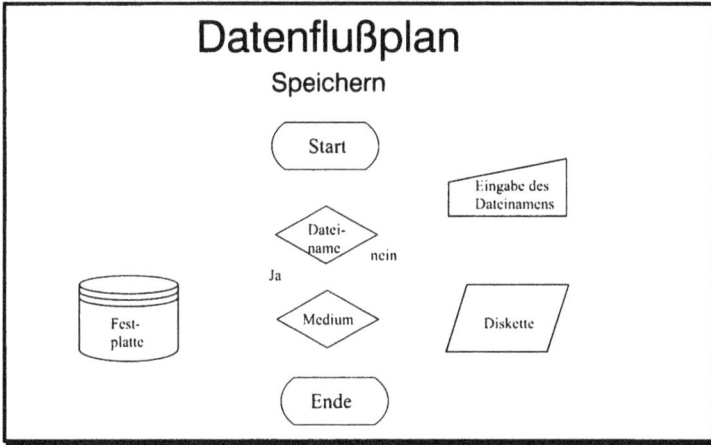

Abb. B.12.2-1: Ein Programmablaufplan aus Harvard Graphics über die
               Zwischenablage kopiert

Wenn Sie dann das Element markiert haben, sieht Ihr Bildschirm wie folgt
aus:

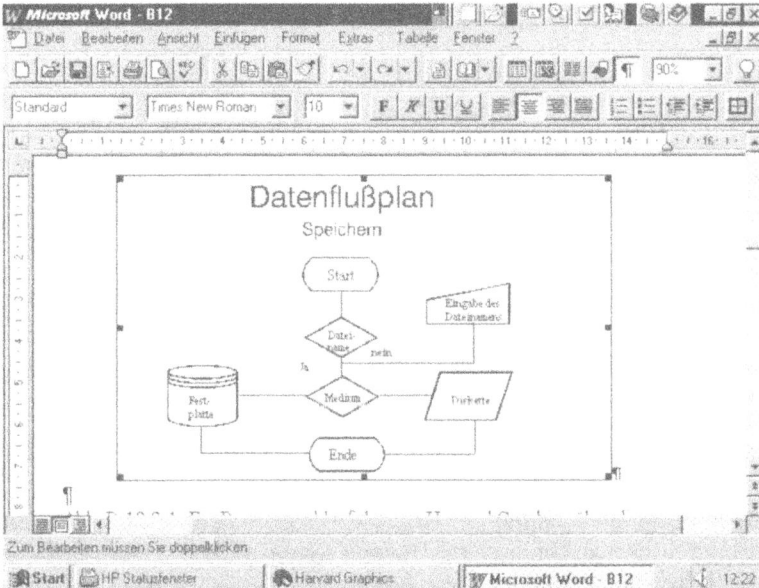

Abb. B.12.2-2: WinWord7 mit einem kopierten Element

179

Wenn Sie mit der Maus auf die Markierungspunkte gehen, wird die Maus zum Pfeil respektive Doppelpfeil. Sie können die Größe des Elementes nun beliebig verändern, indem Sie die Markierungspunkte mit der Maus anklik- ken und die Maus bewegen. Wenn man auf die vier Eckpunkte geht, wird die Maus zum diagonalen Doppelpfeil. Wenn man hier anklickt und zieht, verändert sich das Element unter Beibehaltung der Proportionen. Zieht man an den anderen Markierungspunkten mit der Maus, verzerrt man die Dar- stellung.

Das WinWord7-fremde Element ist nicht mehr fremd, es ist zu einem Teil des Dokumentes geworden. Diese Variante ist die in Studentenkreisen ver- breitetste Form des Einbindens.

Wenn Sie viele Abbildungen einfügen müssen, und Sie diese Abbildungen unabhängig vom Dokument ihrer Diplomarbeit auch noch bearbeiten wol- len, empfiehlt sich der zweite Weg für das Einbinden der Abbildungen; das Verknüpfen von Dateien mit dem Dokument.

Das Verknüpfen über die Zwischenablage von Windows geschieht im Prinzip wie folgt:

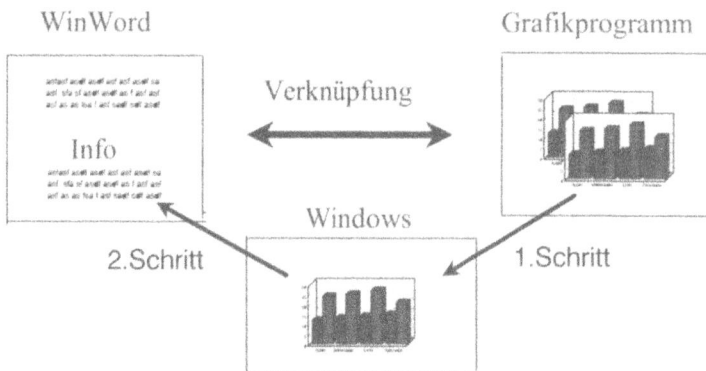

Abb. B.12.2-3 Das Verknüpfen einer Grafik über die Zwischenablage

Wir verknüpfen als Beispiel, zunächst auf dem Weg über die Zwischenab- lage, eine Paintbrush-Darstellung. Paintbrush, ein Grafik-Programm, das in Windows immer enthalten ist, beinhaltet einige Bilder, wie das in Abb. B.12.2-5. Man wechselt zu Paintbrush, erstellt eine Grafik oder öffnet eine bestehende, und speichert sie auf dem gleichen Pfad wie die Doku- mentendatei, mit der sie verknüpft werden soll. Sie *markieren die Grafik* und aktivieren *Bearbeiten* ⇨ *Kopieren*. Dann wechseln Sie nach Win-Word7 und setzen den Cursor an die Position, an der Sie die Grafik einfügen wollen. Sie wählen: *Bearbeiten* ⇨ *Inhalte einfügen* und erhalten folgendes Fenster:

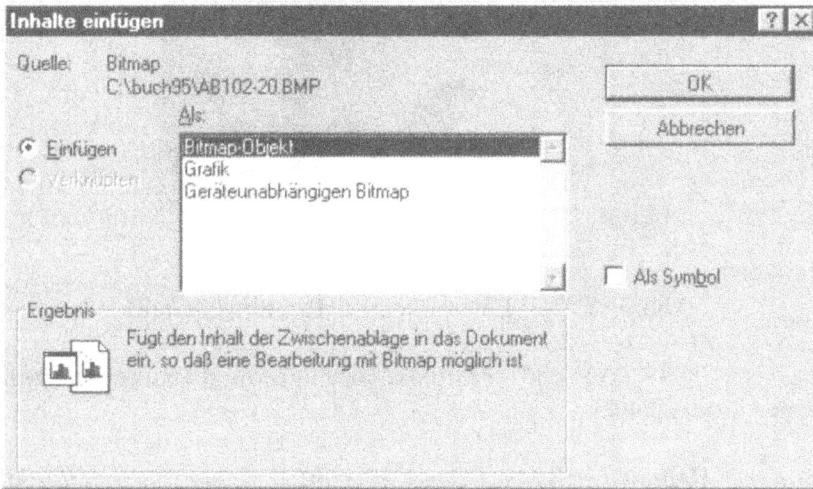

Abb. B.12.2-4: „Inhalte einfügen" im Menü „Bearbeiten"

Unter „Quelle" ist aufgeführt welche Datei gerade in der Zwischenablage wartet. Sie können nun wählen, ob Sie Einfügen oder Verknüpfen wollen. Ein Verknüpfen ist in WinWord7 auf diesem Wege nicht immer möglich. Ob die Möglichkeit des Verknüpfens besteht, erkennen Sie daran, daß die Schaltfläche aktiv ist. Schließen Sie mit *OK*. Die Grafik wird in Ihr Dokument eingestellt, und es ist kein Unterschied zum Einkopieren festzustellen, wie die Abb. B.12.2-5 zeigt.

Abb. B.12.2-5: Eine verknüpfte Paintbrush-Grafik

Erst wenn Sie die „Ansicht" „Feldfunktionen" wie folgt aktivieren, sehen Sie den Unterschied:

Extras ⇨ ***Optionen*** ⇨ Registerzunge ***Ansicht*** ⇨ ankreuzen ***Feldfunktionen***. Kopierte Elemente bleiben unverändert. Bei verknüpften Elementen ist die Feldfunktion zu sehen wie in Abb. B.12.2-6. Beim Öffnen einer Datei werden die Feldbezüge aktualisiert, wenn das unter „Extras", „Optionen", „Allgemein" aktiviert ist. Das hat große Vorteile. Wenn Sie z.B. Fehler in einer Grafik finden, brauchen Sie nur noch die Grafik im anderen Programm zu bearbeiten. Beim nächsten Öffnen des WinWord7-Dokumentes, in dem die Grafik durch Verknüpfen eingefügt ist, erhalten Sie die korrigierte Version. Sie können auch mit sichtbaren Feldfunktionen, also ohne die dargestellten Elemente arbeiten. Bei größeren Dokumenten geht manches dann schneller, weil die Bilder nicht zeitraubend aufgebaut werden müssen.

Sie können aber auch mit OLE (**O**bject **L**inking and **E**mbedding - Objekt verknüpfen und einbetten) aus dem Dokument zur Bearbeitung eines Elementes in das Erstellungsprogramm wechseln. Sie klicken das Element zweimal an und das andere Programm öffnet sich mit Ihrem Element. Sie können nun Änderungen vornehmen.

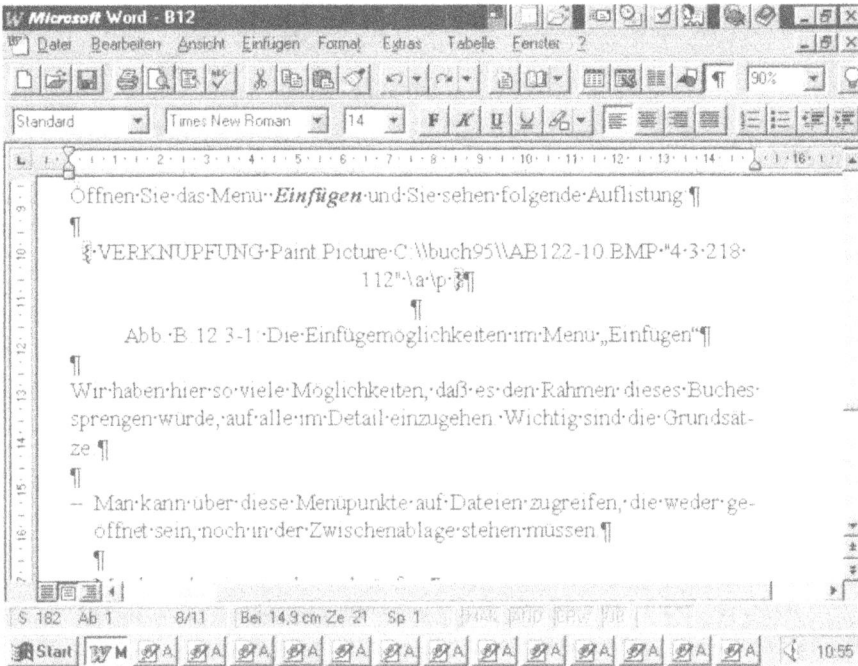

Abb. B.12.2-6: Eingefügte Elemente als Feldfunktionen dargestellt

Das einwandfreie Einbinden eines solchen Elementes funktioniert aber immer nur dann problemlos und/oder vollständig, wenn es von dem benutzten Programm zu WinWord7 einen Filter gibt. In den Fällen, in denen es keinen Filter gibt, ist nur der Weg über die Zwischenablage, also wie bisher beschrieben, möglich.

B.12.3 Einfügen mit direktem Dateizugriff

Die bisher beschriebenen Techniken des Einbindens wurden über die Zwischenablage von Windows abgewickelt. Man kann aber auch direkt aus einem Dokument auf eine andere Datei zugreifen, ohne die Zwischenablage zu benutzen.

Öffnen Sie das Menü *Einfügen* und Sie sehen folgende Auflistung:

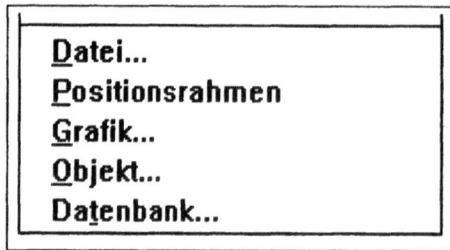

```
Datei...
Positionsrahmen
Grafik...
Objekt...
Datenbank...
```

Abb. B.12.3-1: Die Einfügemöglichkeiten im Menü „Einfügen"

Wir haben hier so viele Möglichkeiten, daß es den Rahmen dieses Buches sprengen würde, auf alle im Detail einzugehen. Wichtig sind die Grundsätze:

– Man kann über diese Menüpunkte auf Dateien zugreifen, die weder geöffnet sein, noch in der Zwischenablage stehen müssen.

– Man kann kopieren oder verknüpfen.

– Das Kopieren geht nur dann, wenn ein Filter für das Übersetzen (Konvertieren) existiert.

Wenn Sie beispielsweise *Einfügen* ⇨ *Grafik* aktivieren, erhalten Sie folgendes Fenster:

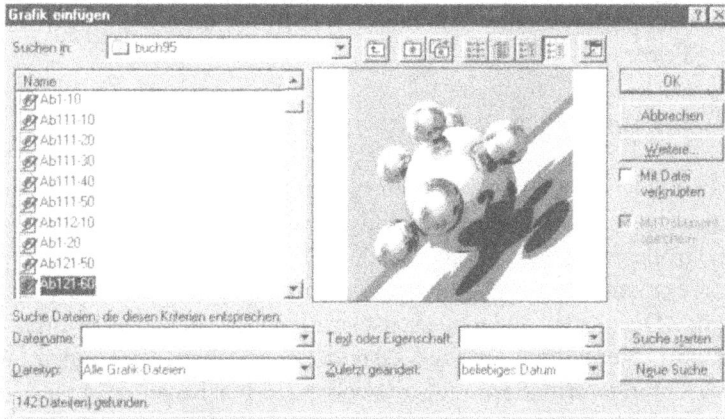

Abb. B.12.3-2: „Grafik" im Menü „Einfügen"

Wenn Sie im Fenster von Abb. B.12.3-2 „Mit Datei verknüpfen" aktivieren, sind Dokument und Grafik, wie oben beschrieben, verknüpft. Wenn Sie dies nicht tun wird eine Kopie in das Dokument einbezogen.

Dieser Weg des Einbindens von WinWord-fremden Elementen hat den Vorteil, das man Dateien direkt ansprechen kann, ohne deren Inhalt in die Zwischenablage von Windows kopieren zu müssen. Man kann hier die gleichen Suchfunktionen anwenden wie beim Öfnen von Dateien. Hier hat Microsoft eine Vereinheitlichung vorgenommen, die vor WinWord7 nicht existierte. Die Fenster für „Speichern unter", „Datei öffnen" und „Einfügen Grafik usw." sind weitestgehend vereinheitlicht.

Im Menü „Einfügen" „Datei" können Sie auch WinWord7-Dateien verknüpfen, wenn Sie einen Text aus einem anderen Manuskript verwenden wollen. Sie können auch eine Druckdatei für Ihre Diplomarbeit erstellen (siehe B.14).

B.12.4 Das Positionieren von Dateien aus anderen Programmen

Für das Positionieren einer Abbildung, egal, wie man Sie erstellt hat, gibt es zwei Wege:

1.   Das Positionieren an der Cursorposition

Dafür braucht man nichts weiter zu tun, als den Cursor an die linke obere Ecke zu setzen, an der die Abbildung eingefügt werden soll. Sie wird in Originalgröße eingefügt, ist aber nach dem Markieren in der Größe veränderbar. Text kann diese Abbildungen nicht umgeben, weil die Zeilen reserviert sind. Dies ist in jeder wissenschaftlichen Arbeit der Normalfall der Darstellung. Wenn die eingefügte Darstellung markiert ist, können Sie auch die Ausrichtungsformatierungen anwenden. In der Regel wird man die Abbildung zentrieren.

Für kleine Abbildungen bietet sich jedoch als Variante an:

2.   Die Nutzung des Positionsrahmens

Der Positionsrahmen bestimmt Größe und Position einer Abbildung. Benützen Sie wieder unseren Mustertext und fügen Sie einen Positionsrahmen ein.

Sie führen aus: *Einfügen* ⇨ *Positionsrahmen*. Der Cursor wird zu einem kleinen Kreuz auf dem Bildschirm. Ziehen Sie nun ohne Rücksicht auf vorhandenen Text mit der Maus einen Rahmen auf. *Sie klicken dafür die linke Maustaste an, bewegen sie diagonal* bis zur gewünschten Rahmengröße und erhalten einen Positionsrahmen im Text, wie in folgender Abbildung:

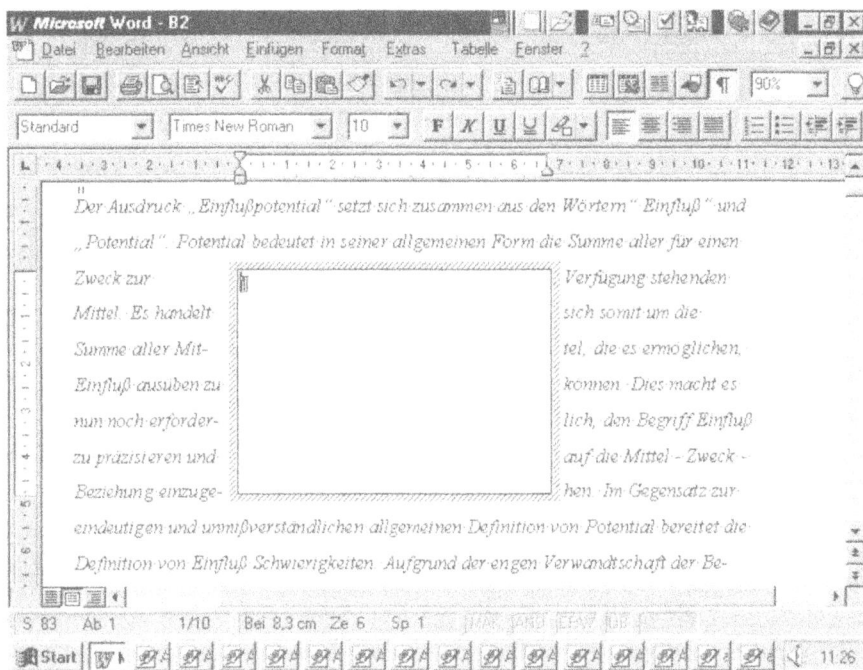

Abb. B.12.4-1: Der Positionsrahmen im Text

Solange der Cursor im Positionsrahmen ist, werden alle Aktionen im Positionsrahmen vorgenommen, auch das Einfügen von Abbildungen. Bilder in diesem Buch, die mit Fließtext umgeben sind, sind in Positionsrahmen eingefügt. Der Text geht dem Rahmen automatisch aus dem Wege. Wenn Sie eine Abbildung einfügen, wird sich der Rahmen in seinen Proportionen etwas anpassen, um das Bild nicht zu verzerren. Die Größe wird aber ungefähr beibehalten.

Wie der Positionsrahmen dargestellt wird, wird an einer anderen Stelle festgelegt, und zwar unter *Format* ⇨ *Positionsrahmen*. Sie erhalten dieses Fenster allerdings nur, wenn ein Positionsrahmen aktiviert ist:

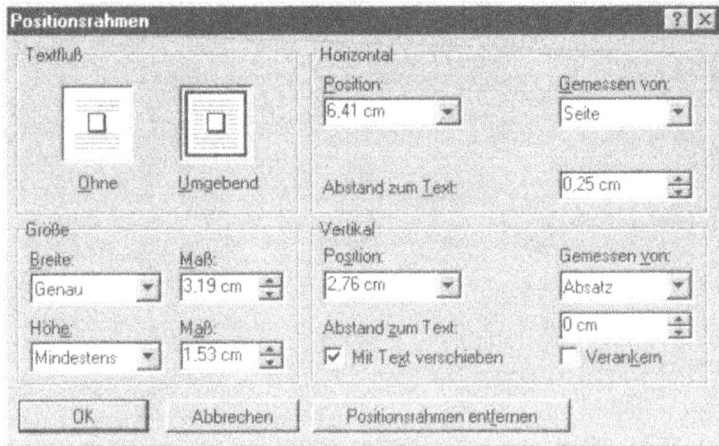

Abb. B.12.4-2: Die Positionierung des Positionsrahmens

Hier können Sie festlegen, ob der Positionsrahmen mit Text umgeben werden soll, oder ob der Positionsrahmen mit dem Text verschoben werden
soll. Weiterhin können Sie den Abstand zum Text festlegen, und hier können Sie einen Positionsrahmen auch löschen. Weiterhin sind sehr genaue
Positionierungen des Positionsrahmens möglich. Die Größenangaben ergeben sich automatisch, aufgrund des mit der Maus geöffneten Positionsrahmens. In diesem Fenster können Sie die Größe präzise festlegen.

B.13 WinWord7-Hilfsprogramme

WinWord7 verfügt über eine Reihe Programmodule, die es zunächst einmal prüfenswert erscheinen lassen, ob man eine Tabelle, Grafik, Zeichnung, Formel oder sonstige Abbildung in einem anderen Programm als WinWord7 erstellen soll. Anders ist dies bei bestehenden Dateien. Hier hätte man die doppelte Arbeit. Wenn man z.B. Tabellen neu anlegen muß, bietet WinWord7 ein Excel-Fenster, mit dem man eine Excel-Tabelle erstellen kann, ohne WinWord7 verlassen zu müssen.

B.13.1 Tabellen mit Excel erstellen

Durch Anklicken der Schaltfläche in Abb. B.13.1-1 öffnet sich ein Excel Fenster, ohne daß Sie WinWord7 verlassen. Sie können auf diese Weise ein Excel-Objekt in Ihr Dokument einfügen.

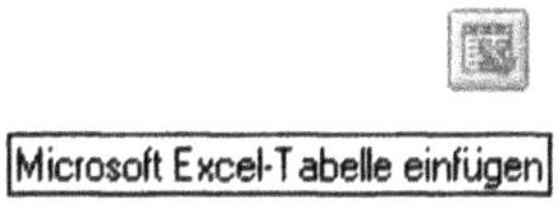

Abb. B.13.1-1: Die Schaltfläche zum Excel-Fenster

Sie markieren die Spalten und Zeilen und erhalten folgendes Bild:

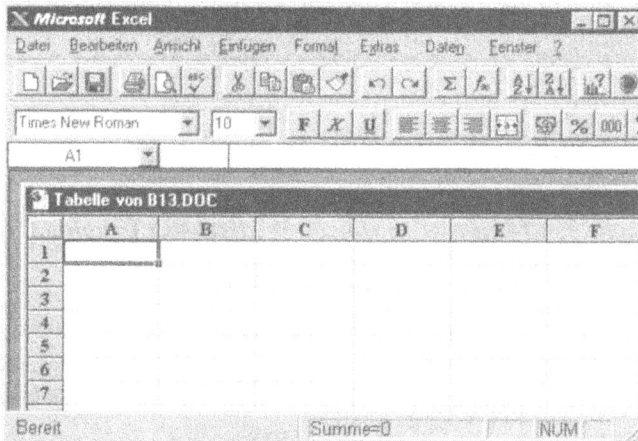

Abb. B.13.1-2: Das Excel-Fenster in WinWord7

In dem Fenster, das Abb. B.13.1-2 zeigt, arbeiten Sie ganz normal in Excel. Sie können Daten, Texte und Formeln erfassen oder Formatierungen vornehmen. Ein mögliches Ergebnis könnte so aussehen:

Leitungsebene der Leitenden Angestellten im Aufsichtsrat				
Leitungsebene	absolute Häufigkeit	relative Häufigkeit	korrigierte Häufigkeit	kumulierte Häufigkeit
2	179	68,58	69,11	69,11
3	69	26,44	26,64	95,75
4	10	3,83	3,86	99,61
5	1	0,38	0,39	100,00
keine Angabe	2	0,77		
Summe	261	100,00	100,00	

Abb. B.13.1-3: Eine Excel-Tabelle als Objekt in WinWord7

Durch Wechseln von der Excell-Tabelle auf das WinWord7-Dokument, das man im Hintergrund noch sieht, wird die Tabelle zum Inhalt des Dokumentes gemacht, und die Excell-Symbolleisten verschwinden wieder. Es erscheinen wieder die WinWord Symbolleisten. Die Tabelle ist in den Text des Dokumentes eingebunden. Es ist keine separate Excel-Tabelle entstanden, sondern ein Excel-Objekt innerhalb Ihres Dokumentes. Auch hier besteht eine OLE-Verbindung. Mit einem Doppelklick auf das Objekt öffnet sich wieder das Excel-Fenster und Sie können die Tabelle bearbeiten. Danach wechseln Sie sie wieder in WinWord7.

> Wenn noch keine Tabelle existiert, auf die Sie zugreifen können, ist es empfehlenswert, auf diesem Wege zu arbeiten.

B.13.2 Grafiken mit MS-Graph erzeugen

Mit der Menüfolge *Einfügen* ⇨ *Objekt* ⇨ *Microsoft Graph 5.0* öffnen Sie MS-Graph, ein Programmmodul zur Erstellung von Grafiken.

Sie erhalten eine Eingabetabelle, die wie eine Excel-Tabelle aussieht. Diese Diagrammerstellung ist die abgespeckte Form der Diagrammerstellung von Excel. Aber alles, was man für den Normalfall benötigt, ist noch enthalten.

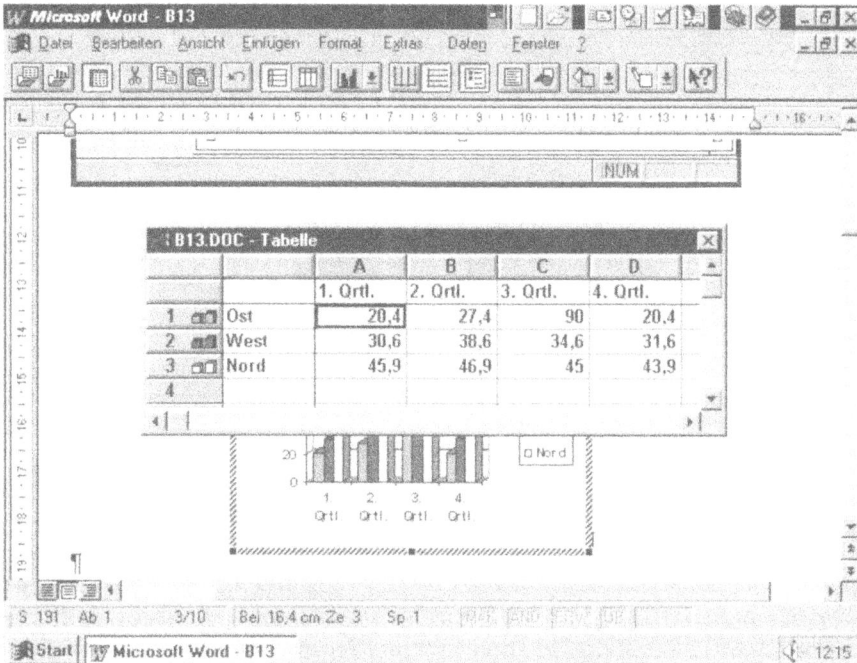

Abb. B.13.2-1: Die Diagrammerstellung in MS-Graph

Nachdem man in der Tabelle die Daten eingegeben hat, wechselt man in das Diagramm, um es zu bearbeiten. Texte eingeben, Legende erstellen, Rahmen und Muster gehören z.B. dazu. Dann wechselt man in das Word-Dokument und das Diagramm wird an der Cursorposition oder in den Positionsrahmen im Dokument eingesetzt. Nach dem Wechseln in WinWord7 hat man zum Beispiel folgendes Diagramm:

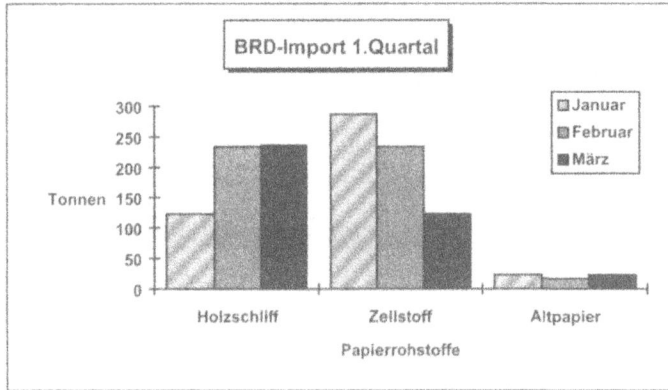

Abb. B.13.2-3: Ein MS-Graph Diagramm in WinWord7

Diese Diagramme können zweidimensional oder dreidimensional erstellt werden. Es können alle üblichen Formen wie Säulen-, Linien-, Kreisdiagramme erstellt werden. Sehr viele Formatierungsmöglichkeiten stehen zur Verfügung. In die Tabelle zur Datenerfassung können auch über „Datei" ⇨ „Importieren" Excel-Dateien importiert und verarbeitet werden.

B.13.3 Zeichnen mit MS-Draw

Wenn Sie nur einfache Zeichnungen zu erstellen haben, ist es nicht nötig, eines der vielen Programme, die auf dem Markt sind, zu erlernen.

Abb. B.13.3-1: Die Schaltfläche zum Zeichnen mit MS-Draw

Wenn Sie diese Schaltfläche anklicken, öffnet sich ausnahmsweise kein neues Fenster, sondern lediglich eine neue Symbolleiste unterhalb des Arbeitsblattes.

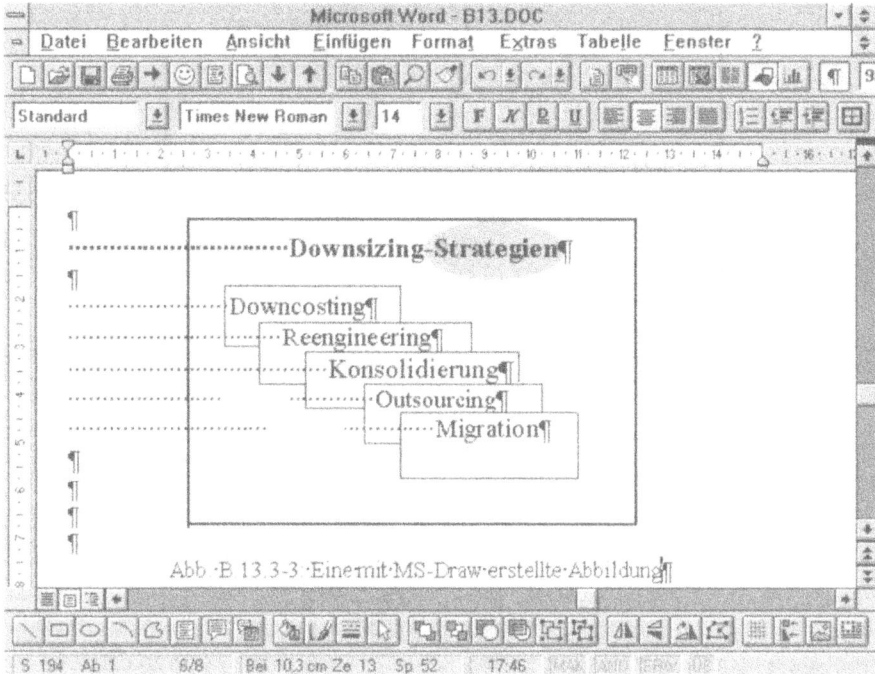

Abb. B.13.3-2: Das Erstellen von MS-Draw Objekten

Wenn Sie QuickInfo im Menü „Ansicht", „Symbolleisten", „QuickInfo anzeigen" aktiviert haben, dann können Sie mit der Maus die Schaltflächen
abfahren. Sie erklären sich dann selbst. Man kann dann auf dem Arbeitsblatt zeichnen wie auf dem Blatt Papier. Diese Symbolleiste kann im übrigen immer eingeschaltet bleiben. Die Zeichenfunktionen schalten sich nach
einmaliger Benutzung wieder aus. Will man z.B. mehrere Striche ziehen,
muß man für jeden Strich neuerlich die Schaltfläche für einen Strich anklicken. Man kann einzelne Elemente erstellen oder auch Elemente miteinander kombinieren. Beim Kombinieren muß man nur darauf achten, in
welcher Reihenfolge die Elemente hintereinander gestellt werden, damit sie
sich nicht überlagern. Das Symbol ganz rechts in der Symbolleiste zum
Zeichnen ist im übrigen die Schaltfläche, um einen Positionsrahmen mit
der Maus zu öffnen.

Das Beispiel auf der folgenden Seite ist mit MS-Draw erstellt.

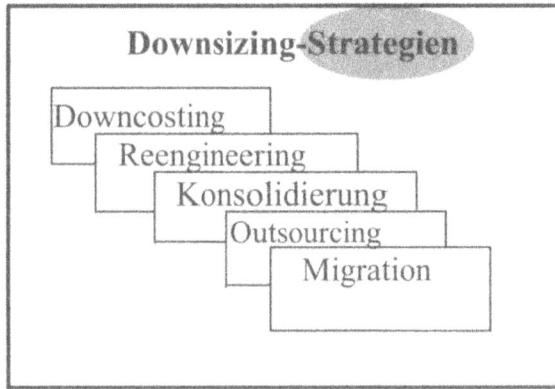

Abb. B.13.3-3: Eine mit MS-Draw erstellte Abbildung

B.13.4 Weitere WinWord7-Hilfsprogramme

Die drei oben aufgeführten Hilfsprogramme sind die, die am häufigsten benutzt werden. Aus diesem Grund sind sie auch mit einer Schaltfläche in der Standardfunktionsleiste vertreten. Das bedeutet aber nicht, daß es nicht noch weitere gibt. Die sind allerdings ganz gut versteckt hinter: *Einfügen* ⇨ *Objekt*. Wenn Sie das nachvollziehen, erhalten Sie folgendes Fenster:

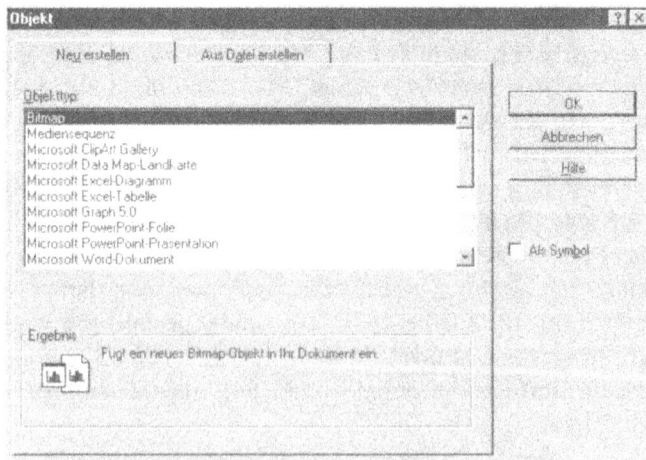

Abb. B.13.4-1: Das Einfügen verschiedener Objekte

Im Fenster „Objekttyp" sind alle Module aufgelistet, mit denen Sie ein Objekt in Ihr Dokument einfügen können, ohne WinWord7 explizit zu verlassen. Auch MS-Graph, MS-Chart und das Excel-Fenster finden Sie hier, wenn Sie in dem Fenster blättern. Die Abb. 13.4.-1 zeigt nur einen Ausschnitt. Durch Markieren eines Moduls und Klicken auf „Ok" wird das Hilfsprogramm gestartet.

Sie können hier auch Illustrationen abrufen, wenn es zur Erläuterung dienlich ist.

Über die Menüfolge *Einfügen* ⇨ *Objekt*⇨ *Microsoft Clipart Gallery* erhalten Sie dieses Fenster:

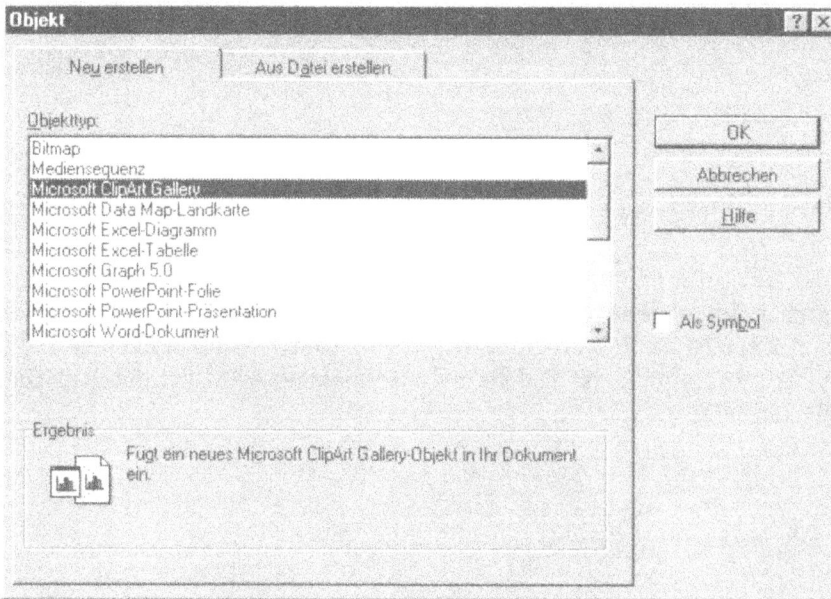

Abb. B.13.4-2: Das Einfügen von Bildern

Sie erhalten dann eine Menge Bilder, die wieder nach Kategorien geordnet sind. Sie können kinks die Kategorie wählen und sehen rechts dann die Bilder die angeboten werden. Diese vorgefertigten Bilder heißen ClipArts. Das sieht dann so aus, wie in folgender Abbildung:

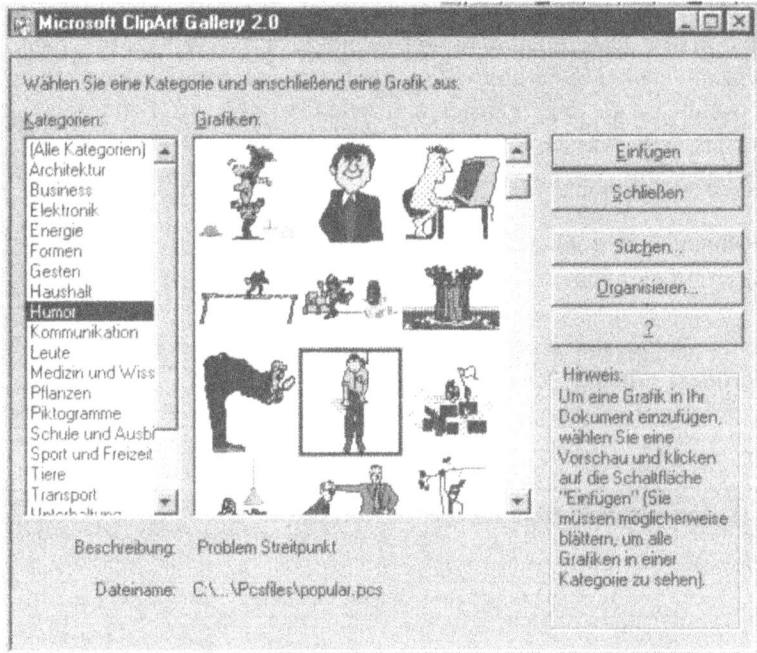

Abb. B.13.4-2: Die ClipArt-Auswahl in WinWord

Bilder sollten in Diplomarbeiten aber nur eingesetzt werden, wenn es unbedingt nötig ist. Die wertfreie Neutralität einer solchen Arbeit verlangt das. Anders ist es in Hausarbeiten Referaten oder Seminararbeiten. Dort kann es sehr auflockernd wirken und als didaktisches Mittel durchaus angemessen sein.

B.14 Praxishinweise zur Erstellung einer Diplomarbeit

B.14.1 Allgemeine Hinweise

Für das eigentliche Schreiben Ihrer Diplomarbeit in WinWord7 brauchen Sie eine Strategie. Hier einige Tips aus langjähriger Schreiberpraxis:

1.   Erstellen Sie einen Makro für die Formatierung, wie sie die formellen Vorschriften verlangen. Im Kapitel B.11 ist ein Beispiel dafür aufgelistet.

2.   Öffnen Sie ein neues Dokument mit der Vorlage NORMAL.DOT.

3.   Lassen Sie den Makro ablaufen.

4.   Speichern Sie Ihr Dokument regelmäßig auf einem externen Speicher. Am besten mit dem short Cut oder der Maus und dem Diskettensymbol.

5.   Fangen Sie erst jetzt an, zu schreiben.

6.   Falls Sie bestimmte Formatierungen immer wieder benötigen, lassen Sie bei der ersten Ausführung den Makrorecorder mitlaufen und erstellen somit weitere Makros, die Sie in die Funktionsleiste einbeziehen. Damit haben Sie die individuelle Formatierung auto matisiert.

7.   Speichern Sie regelmäßig während des Schreibens.

8.   Machen Sie an jedem Tag eine Sicherungskopie Ihrer Tagesarbeit auf Disketten, Streamer, 2. Festplatte oder einem anderen externen Speicher.

9.   Prüfen Sie Ihre Schreibleistung regelmäßig, ob Sie in der Lage sind, termingerecht fertig zu werden. Wenn nicht, dann Schreibzeit erhöhen.

10.   Lassen Sie fertige Teile Ihrer Arbeit bereits Korrektur lesen. Warten Sie nicht, bis Sie ganz fertig sind.

Soweit zur sukzessiven Entstehung Ihrer Arbeit. Für die Gesamtplanung gilt es aber, vorher auch noch einige andere Dinge zu beachten.

Wie groß sollte ein einzelnes Dokument maximal sein?

Das hängt in erster Linie von Ihrer Hardwareausstattung ab. Die Ressourcen-Anforderungen von WinWord7 unter Windows 95sind sehr hoch. Sie werden keine Probleme mit der Länge eines Dokumentes haben, wenn Sie mit einem schnellen Pentium-Rechner arbeiten. Bei einem normalen 80386-Prozessor oder einem langsamen 80486-Prozessor ist es empfehlenswert, längere Dokumente aufzuteilen.

Neben der Hardware ist auch die Anzahl der eingefügten Objekte ein Kriterium für die Arbeitsgeschwindigkeit Ihres Rechners. Die Speicherfunktionen und das Blättern im Text erfolgen sonst in Zeitlupe und Gedankengänge werden zerstört.

Wenn Sie 60 Seiten als Lückentext schreiben, um Abbildungen dann hineinzukleben, können Sie es bei einem Dokument belassen. Wenn Sie aber 100 Seiten schreiben wollen und viele WinWord7-fremde Elemente einfügen wollen, dann sollten Sie ihre Arbeit unterteilen. Dabei sollten Sie sich an den Gliederungspunkten orientieren, und eventuell diese Gliederungsbezeichnungen als Dokumentennamen benutzen. Kap-1; Kap-2; Kap-3 usw. wäre eine Möglichkeit. Dieses Buch ist in ca. 15 Dokumente aufgeteilt. Die Dokumentenbezeichnungen orientieren sich an der Nomenklatur der Gliederung. Einige von Ihnen werden es in einigen Fenstern schon gesehen haben. Das Dokument, an dem ich gerade arbeite, hat den Namen „B14", weil das Kapitel so heißt.

Speichern Sie regelmäßig beim Erstellen des Dokumentes. Wenn der Vorgang zu langsam wird, sollten Sie ein neues Dokument beginnen.

Wie sollten Objekte eingefügt werden?

Fügen Sie WinWord7-fremde Elemente als Verknüpfungen ein und kopieren Sie sie nicht in das Dokument. Das hat zwei erhebliche Vorteile. Sie können im „Feldfunktionsmodus" schreiben. (Sie wissen noch, „Extras", „Optionen", Registerzunge „Ansicht", „Feldfunktionen" aktivieren!)

Dann werden die Bilder bei jedem Blättern nicht langwierig aufgebaut und das Dokument ist auch erheblich kleiner. Bewegungen gehen viel schneller.

Wenn Sie eine Änderung an einer Abbildung vornehmen wollen, machen Sie das in der Abbildung, ohne Ihr Dokument zu öffnen.

Wenn das Dokument das nächste Mal geöffnet oder gedruckt wird, aktualisiert sich die Abbildung im Dokument von selbst. Sie müssen das natürlich unter „Extras", „Optionen", Registerzunge „Allgemein" aktiviert haben.

B.14.2 Druckdatei erstellen

Muß nun jedes Dokument separat ausgedruckt werden? Nein! Sie erstellen eine Druckdatei. In dieses separate Dokument fügen Sie im Feldfunktionsmodus über *Einfügen* ⇨ *Datei* Ihre Teildokumente Ihrer Diplomarbeit in der richtigen Reihenfolge ein. Jedes Dokument belegt nur eine Zeile als Feldfunktion. Wenn Sie dieses Dokument zum Druck schicken, werden die einzelnen Dokumente und die mit ihnen verknüpften Abbildungen geöffnet, wenn sie benötigt werden. Das Erstellen eines Druckdokumentes setzt voraus, daß die Teildokumente bis zur letzten Zeile gefüllt sind. Sonst beginnt der Druck des nächsten Dokumentes ohne Blattvorschub auf dem vorherigen Dokument und der Seitenumbruch geschieht zufällig. Füllen Sie die Einzeldokumente mit Leerzeichen, oder setzen Sie ein Seitenende nach der letzten Zeile wie folgt: *Einfügen* ⇨ *Manueller Wechsel* und markieren wie in folgender Abbildung:

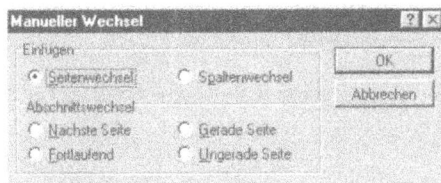

Abb. B.14.2-1: Seitenwechsel erzeugen im Menü „Einfügen"

Das erstellen dieser Druckdatei dauert eine gewisse Zeit, aber es lohnt sich trotzdem, weil Sie nicht mehr jedes Teildokument einzeln drucken müssen. Bei größeren Dokumenten, die verknüpfte Objekte beinhalten, dauert das Öffnen und das Vorbereiten des Druckens lange. Wenn Sie jedes Teildokument einzeln drucken, müssen Sie die langen Wartezeiten vor Ihrem Rechner verbringen und die nächsten Arbeitsschritte veranlassen. Bei einem Druckdokument brauchen Sie nur noch auf das Öffnen zu warten und den Druck zu veranlassen. Von da an müssen Sie bis zum fertigen Ausdruck nicht mehr aktiv werden und können einer anderen Tätigkeit nachgehen.

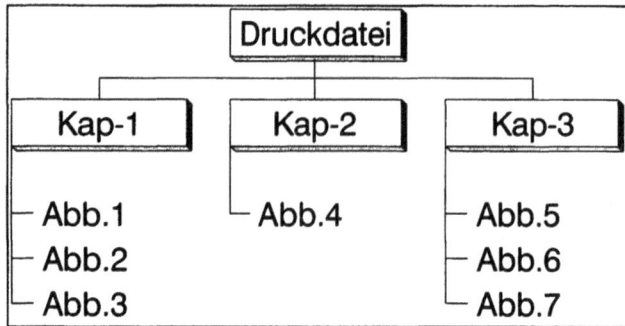

Abb. B.14.2-2: Die Dateienstruktur einer Diplomarbeit

So wie in der obigen Abbildung sollte die Dateienstruktur Ihrer Diplomarbeit aussehen. In der Druckdatei stehen nur die Feldbezüge auf die Textdokumente. Dahinter stehen die Abbildungen, die durch Verknüpfen in die Dokumente einbezogen werden.

Bei unzureichenden Ressourcen Ihres Rechners wie zu kleiner Hauptspeicher, langsamer Prozessor oder fehlender Cache-Speicher, können Dateiteile beim Drucken verloren gehen. Die Verwaltung des zu großen Dokumentes ist dann nicht mehr fehlerfrei möglich. In diesem Fall müssen Sie die Dokumente einzeln ausdrucken.

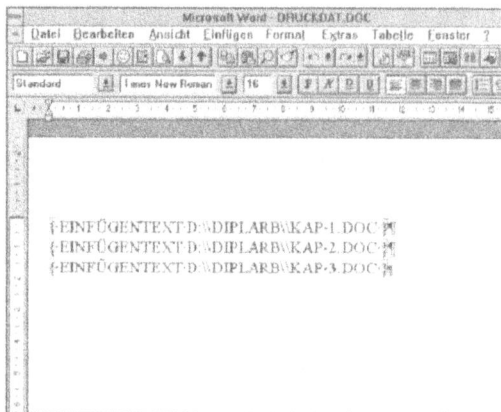

Abb. B14.2-3: Die Druckdatei in Feldfunktionsdarstellung

Epilog

Sie sind damit am Ende dieses Buches, und ich möchte noch einige Gedanken loswerden. Diejenigen unter Ihnen, die erwarten, daß ich im Teil B auf 125 Seiten alles wiedergeben kann, was sonst auf 1000 Seiten steht, müssen enttäuscht sein. Ich bin kein Zauberer. Was ich kann, ist, daß ich von den 1000 Seiten das weglasse, was eine bestimmte Gruppe von Interessenten zur Erledigung einer bestimmten Aufgabe nicht wissen muß.

In der Betriebswirtschaftslehre ist zur Zeit alles „Lean". Lean-Management, Lean-Production usw. Dabei soll die Wertschöpfungskette: Lieferant, Produzent, Kunde zusammenwachsen. Es soll nur kundenorientiert gearbeitet werden, um ihm/ihr das Beste und Günstigste anbieten zu können, mit effizienterem und damit günstigerem Faktoreinsatz.

In den Hochschulen ist diese Entwicklung nicht zu sehen. Die Zielgruppe Studenten wird mit kaum mehr verarbeitbaren Informationen überschüttet. Während meine Generation Schaubilder noch von Hand nachvollzogen hat, werden im Zeitalter des „Folio-Managements" 20 Schaubilder und mehr in einer Unterrichtsdoppelstunde „verarbeitet". Der Effekt ist der, daß die großen Informationsmengen nur noch ins Kurzzeitgedächtnis geholt werden, um sie nach der Prüfung schnell wieder zu vergessen. Dieser Informationszuwachs ist auch bei Lehrbüchern zu sehen. Sie werden von Neuauflage zu Neuauflage immer umfangreicher und sind kaum mehr zu lesen. Das kann nicht im Interesse der Studenten sein. Auch hier muß der Lean-Gedanke Einzug halten: „Abspecken ohne Qualitätsverlust" muß die Devise sein.

Ich schlage im Interesse unserer Studenten vor:

Lean-Education

und hoffe, mit diesem Buch einen Anfang gemacht zu haben.

Stichwortverzeichnis

www.ingramcontent.com/pod-product-compliance
Lightning Source LLC
Chambersburg PA
CBHW081542190326
41458CB00015B/5619